Mohsen Koohi
Mohammad Ali Montazeri

GSFS: Sistema de ficheiros seguro baseado em GPGPU

Mohsen Koohi
Mohammad Ali Montazeri

GSFS: Sistema de ficheiros seguro baseado em GPGPU

ScienciaScripts

Cover image: www.ingimage.com

This book is a translation from the original published under ISBN 978-3-659-87647-9.

Publisher:
Sciencia Scripts
is a trademark of
Dodo Books Indian Ocean Ltd. and OmniScriptum S.R.L publishing group

120 High Road, East Finchley, London, N2 9ED, United Kingdom
Str. Armeneasca 28/1, office 1, Chisinau MD-2012, Republic of Moldova, Europe
Managing Directors: Ieva Konstantinova, Victoria Ursu
info@omniscriptum.com

Printed at: see last page
ISBN: 978-620-8-62002-8

Índice:

Aos meus pais

Mohsen

Resumo

Ao aumentar a velocidade dos processadores através do aumento do número de núcleos, precisamos de sistemas operativos que utilizem todos os núcleos para executar processos em paralelo. A presença de GPUs com muitos núcleos permite que os sistemas operativos enviem para elas cálculos maciços de processos e, por conseguinte, aumentem o desempenho dos sistemas operativos. Por outro lado, durante muitos anos, os utilizadores voltaram-se para a segurança das suas informações e, devido à grande quantidade de cálculos necessários para a criptografia, podemos utilizar as GPU.

Nesta tese, concebemos e implementamos um sistema de ficheiros seguro que utiliza GPUs, o *sistema de ficheiros seguro baseado em GPGPII (GSFS),* que fornece integridade e confidencialidade aos dados. Este sistema *de ficheiros* permite a partilha de informação entre utilizadores, tornando os inodes acessíveis a diferentes utilizadores e permitindo também que os utilizadores expandam/reduzam o nível de acesso em cada ponto da estrutura em árvore dos inodes.

O GSFS utiliza o método de revogação de chaves *Crust* para uma revogação eficaz dos utilizadores e *as ligações criptográficas* da *Cryptree* para diminuir a utilização do algoritmo de criptografia de chaves públicas, que consome muito tempo. Utiliza *o Galois Counter Mode (GCM)* para fornecer serviços de integridade e confidencialidade para inodes seguros regulares. O GSFS utiliza a chave pública do utilizador root para integrar o sistema de ficheiros e utiliza a chave pública dos utilizadores para a confidencialidade. Desta forma, diferencia confidencialidade e integridade.O GSFS é implementado como um módulo do kernel do Linux e, na versão atual, utiliza um programa de nível de utilizador *OpenCL* para encriptar/desencriptar dados em paralelo com a CPU e a GPU. Mapeamos as páginas de memória do kernel na memória virtual desse processo e, após a conclusão do trabalho, usamos os resultados no kernel. Os nossos exames mostram que o GSFS fornece estas propriedades sem taxas inferiores em comparação com o ext3 para inodes inseguros, mas a taxa do GSFS é inferior à taxa do eCryptfs devido aos seus algoritmos de segurança. A utilização da GPU no nosso programa OpenCL duplica a taxa do GSFS em comparação com a CPU. A utilização de um processo independente para os nossos cálculos criptográficos paralelos diminui o nosso desempenho devido ao custo da mudança de contexto; por conseguinte, temos de utilizar o OpenCL em modo kernel em versões futuras para melhorar o desempenho do GSFS.

Capítulo 1

Introdução

Atualmente, os processadores (GPU/CPU) têm muitos núcleos e os sistemas operativos devem aplicar todos eles para acelerar os processos dos utilizadores. Por outro lado, uma grande quantidade de cálculos necessários para a criptografia pode ser acelerada usando CPUs. Nesta tese, concebemos e implementamos um Sistema de Ficheiros Seguros (GSFS) baseado em GPGPU.

Neste capítulo, em primeiro lugar, descrevemos porque é que precisamos de sistemas de ficheiros seguros. Depois, consideramos as motivações para conceber e implementar um novo sistema de ficheiros seguro.

1.1. *Porque é que precisamos de sistemas de ficheiros seguros?*

Cada organização ou utilizador de computador possui informações privadas e necessita de uma forma de as ocultar do acesso de terceiros. Existem algumas soluções para este problema: A primeira forma é utilizar a bios do computador ou a palavra-passe do sistema operativo. Desta forma, apenas podemos limitar o acesso ao computador, mas não podemos ocultar as informações do utilizador no disco.

A segunda forma é determinar o nível de acesso em sistemas operativos do tipo Unix. Desta forma, apenas restringimos o acesso às informações e escrevemo-las tal como estão. A terceira forma consiste em encriptar a informação pelo utilizador utilizando uma chave. Esta é uma boa forma, mas a gestão da chave deve ser feita pelo utilizador.

Outra forma é utilizar sistemas de ficheiros seguros para encriptar a informação e também para gerir as chaves. Isto tem outra vantagem, a de ocultar os trabalhos de criptografia da vista dos utilizadores e, desta forma, alcançamos rapidez e simplicidade.

Para além da encriptação, a integridade da informação é uma das requisitos. Os utilizadores e as organizações querem ter a certeza de que as informações que lêem do disco são as que escreveram alguns dias antes.

Por conseguinte, o sistema de ficheiros deve verificar a integridade da informação e alertar para cada manipulação da mesma.

1.2. *Porquê um novo sistema de ficheiros seguro?*

Os processadores actuais têm muitos núcleos e os processos acedem aos recursos de hardware através do sistema operativo; por conseguinte, o sistema operativo deve utilizar vários recursos de processamento para acelerar os processos. Um dos recursos

de processamento mais poderosos são os processadores gráficos e, nos últimos anos, a utilização destes processadores para o processamento paralelo SMD surgiu sob o título de GPU de uso geral (GPGPU). Existem duas linguagens de programação para GPGPU: OpenCL e Cuda.
Por outro lado, podemos utilizar as GPU no modo kernel para acelerar as funções do kernel e, desta forma, acelerar os processos dos utilizadores. Devido à grande quantidade de cálculos necessários para as funções de criptografia dos sistemas de ficheiros seguros, podemos utilizar as GPU para acelerar os sistemas de ficheiros seguros. Precisamos de um novo sistema de ficheiros seguro que possa utilizar processadores gráficos. Deste modo, concebemos e implementámos um sistema de ficheiros seguro baseado em GPGPU (GSFS). Tentámos conceber um sistema de ficheiros seguro que proporciona confidencialidade e integridade dos inodes, partilha de inodes entre utilizadores, expansão/redução do nível de acesso dos inodes em cada nível da estrutura em árvore dos inodes, revogação eficaz do utilizador e utilização mínima do algoritmo de criptografia de chave pública.

1.3. *Estrutura da presente tese*

No Capítulo 2, analisamos os trabalhos anteriores. No Capítulo 3, é explicada a estrutura de segurança da GSFS. O Capítulo 4 aborda a implementação do GSFS e, finalmente, avaliamos o desempenho do GSFS no Capítulo 5.

1.4. *Agradecimentos*

Agradeço ao meu supervisor e ao meu orientador, bem como a todas as outras pessoas que me ajudaram a conceber e a aplicar a GSFS. Em especial, gostaria de agradecer ao Prof. Daniel P. Bovet e ao Prof. Marco Cesati pelo seu livro exaustivo "Understanding The Linux Kernel". Além disso, agradeço ao Prof. Kevin Fu, ao Prof. Luigi Catuogno e ao Prof. Mel Gorman por terem respondido às minhas perguntas.

1.5. *Como obter a GSFS?*

GSFS é um sistema de ficheiros seguro de código aberto. Irei criar a sua página inicial em breve. Poderá ser descarregado a partir da página inicial do GSFS "http://burge.ir/GSFS". O GSFS é uma jovem semente que cresce no solo fértil do Linux. Nós convidamos todas as pessoas a usar o GSFS, relatar seus defeitos e desenvolvê-lo. Ficaremos felizes em receber sugestões e críticas para melhorar o GSFS.

Capítulo 2

Trabalhos anteriores

Neste capítulo, apresentamos alguns sistemas de ficheiros e tentamos conhecer os métodos e as respostas que os investigadores e cientistas encontraram para os problemas e dificuldades de um sistema de ficheiros seguro. Além disso, consideramos os métodos de gestão das diferentes unidades de segurança de um sistema de ficheiros seguro.

Há esforços e melhorias no estrangeiro no domínio da segurança do sistema de ficheiros, cujo estudo requer muito tempo. Por isso, tentamos considerar as tentativas mais importantes e influentes.

Em primeiro lugar, apresentamos os sistemas de ficheiros normais; em seguida, consideramos os sistemas de ficheiros seguros. Em seguida, lançamos alguns métodos de criptografia que podem ser utilizados nas partes de segurança de um sistema de ficheiros seguro e, por fim, estudamos os esforços no domínio da externalização de dados.

2.1. *Sistemas de ficheiros regulares*

Nesta secção, estudamos os sistemas de ficheiros regulares (inseguros) e apresentamos a estrutura e as facilidades que apresentam.

2.1.1. *Sistema de ficheiros rápido (FFS)*

O Fast File System [MJLF84] surgiu em 1984 para fazer algumas correcções no sistema de ficheiros original do Unix. Este sistema de ficheiros usa blocos de 4096 bytes em vez de 512 bytes para expandir a largura da banda. Além disso, o FPS permite que um bloco seja dividido em mais alguns pequenos blocos para evitar a dissipação de espaço livre de blocos em pequenos ficheiros.

O FFS replica o superbloco para proporcionar uma melhor recuperação de falhas. Neste sistema de ficheiros, o disco é formado por um número de grupos de cilindros, e cada grupo de cilindros inclui blocos de dados, informações de inodes e um mapa de bits para especificar os blocos livres desse grupo de cilindros.

O FFS tenta propagar informações relacionadas nos mesmos grupos de cilindros para aumentar a localidade dos inodes e, por conseguinte, melhorar a velocidade de armazenamento/restauro. Cada novo diretório é armazenado no grupo de cilindros com um maior número de inodes do que a média, que tem o menor número de diretórios. Os novos inodes regulares são armazenados no grupo de cilindros do seu inode de diretório principal.

Para evitar encher um grupo de cilindros com os dados de um ficheiro de um diretório, o FFS atribui um novo grupo de cilindros por cada 1MB de ficheiro se esse ficheiro precisar de mais de 48KB.

2.1.2. *Sistema de ficheiros semântico*

Os sistemas de ficheiros semânticos surgiram para substituir a estrutura em árvore dos sistemas de ficheiros normais pela estrutura semântica, na esperança de representar uma maior flexibilidade. O primeiro sistema de ficheiros semântico apareceu em 1990 em [GJSO91]. Neste sistema de ficheiros, um utilizador pode definir alguns transdutores para extrair valores binários de campo e valor. Estes transdutores são usados pelo sistema de ficheiros para extrair propriedades e depois o utilizador pode obter os ficheiros com as propriedades desejadas usando diretórios virtuais.

Cada utilizador pode definir diferentes transdutores para diferentes tipos de ficheiros e cada um destes transdutores extrai as propriedades em que está interessado. As propriedades extraídas são armazenadas no sistema de ficheiros até que o ficheiro seja alterado e, após cada alteração, os transdutores repetem o seu trabalho.

Cada utilizador pode mostrar os ficheiros desejados através da composição do campo e do valor. Este sistema de ficheiros semântico pode utilizar sistemas de ficheiros regulares com estrutura em árvore e produzir acesso semântico para os utilizadores.

Para além de [GJSO91], existem alguns outros sistemas de ficheiros semânticos. Em [Sam08], foi concebido um sistema de ficheiros semânticos baseado em etiquetas, em que as etiquetas são idênticas às propriedades. Em [MC04] é usada uma base de dados para armazenar ficheiros que não permite o acesso independente da base de dados. O Tagfs [BGS 06] é também um sistema de ficheiros semântico baseado em etiquetas.

2.1.3. *Sistema de ficheiros estruturados de registo*

O sistema de ficheiros estruturado em log foi apresentado em 1992 em [RO92, Ros92]. O principal objetivo deste sistema de ficheiros era acelerar o processo de escrita

pequenos ficheiros no disco. O sistema de ficheiros estruturado em log utiliza a técnica "Write any where" em vez da técnica "Write in place" e, além disso, a escrita de um ficheiro não é feita isoladamente e algumas escritas são recolhidas e escritas no disco de uma só vez. O texto de cada uma destas escritas colectivas é designado por "Log".

Neste sistema de ficheiros, as alterações nos blocos de dados, inodes regulares e

inodes de diretório são escritas no disco num registo e, por isso, não existe um local fixo para armazenar inodes. Neste método, o disco é dividido em partes denominadas "Segmento" e ocupa cerca de 1MB de espaço em disco e em cada vez que os eventos são armazenados, um novo segmento é escrito no disco.
O sistema de ficheiros estruturado em log utiliza os resultados do FFS. Para melhorar a localidade dos inodes, utiliza "Clusters". Cada cluster é formado por alguns segmentos e inclui ficheiros com acesso simultâneo.
O acesso aos inodes é feito através de uma estrutura de dados "Inode Map". Ela armazena os números de todos os blocos em cada inode. Devido ao aumento do mapa de inodes ao fim de algum tempo, este é dividido em alguns blocos e escrito no disco.
O processo "Segment Cleaning" (Limpeza de segmentos) é executado periodicamente para evitar a dissipação de espaço em disco por segmentos de ficheiros alterados. Este processo lê alguns segmentos e elimina as partes comuns, exceto a última alteração e escreve novamente no disco.
A recuperação de falhas do sistema de ficheiros estruturado em registo é efectuada a alta velocidade. Utiliza o conceito de "Check Point", que é um estado consistente do sistema e, neste estado, a informação do superbloco é consistente com os dados do disco. Após um crash, basta ler os logs escritos após o último check point e atualizar a informação desses logs no check point. Em média, a cada 30 segundos, um check point é escrito, e existem apenas dois lugares fixos no disco para os check points.

2.2. *Sistemas de ficheiros seguros*

Um sistema de ficheiros normal (inseguro) não garante a segurança das informações dos utilizadores. Em vez disso, os sistemas de ficheiros seguros encriptam os dados para garantir a sua confidencialidade, e alguns dos sistemas de ficheiros seguros utilizam funções hash para avaliar a integridade dos utilizadores. Nesta secção, consideramos estes sistemas de ficheiros seguros.

2.2.1. *Sistema de ficheiros criptográficos (CFS)*

O sistema de ficheiros criptográficos (CFS)[Bla93] foi introduzido em 1993 e foi implementado pelo sistema de ficheiros em rede (NFS). O CFS é representado para resolver os problemas de cifragem da informação pelo utilizador. O CFS é implementado a nível do utilizador para permitir a portabilidade entre diferentes sistemas operativos do tipo Unix.
No CFS, toda a informação (dados e metadados) é encriptada. O acesso aos ficheiros encriptados é feito em "Sessões". Cada sessão é iniciada pelo programa "cattach" e finalizada pelo programa "cdettach". O Cattach obtém a chave de encriptação e o

local de montagem; depois disso, o acesso ao local montado é conseguido através de chamadas de sistema regulares.
O CFS utiliza o DES no modo OFB[1] para produzir uma cadeia de números aleatórios. Também utiliza o modo ECB[2] para encriptar informação no modo standard. Neste modo, é possível produzir o mesmo texto cifrado para os mesmos ficheiros.
Por conseguinte, para melhorar a segurança, o CFS utiliza o modo CBC[3] com um IV armazenado[4] no campo gid[5] do indoe para evitar o problema acima referido.
O CFS implementa o servidor NFS através do daemon *cfsd*, que é um servidor RPC[6] e os comandos cattach, cdettach e cmkdir são também enviados para este servidor sob a forma de RPC.

2.2.2. *Sistema de ficheiros esteganográfico*

O sistema de ficheiros esteganográficos foi introduzido pela primeira vez em 1998 em [ANS98] por Ross Anderson e seus colegas. O objetivo deste sistema de ficheiros é encriptar informação sem revelar a existência do texto encriptado. Utilizando este sistema de ficheiros, ninguém pode compreender a existência de informação no sistema e, por conseguinte, o utilizador pode negar a existência de informação. Além disso, através da classificação das informações, o utilizador pode revelar algumas das informações com menor nível de segurança e negar as outras.
Em [ANS98], são explicados dois métodos. No primeiro método, para armazenar um ficheiro de *n* bytes, usamos um número de *"Cover Files"* com comprimento *n*, que são inicializados com números aleatórios. Estes ficheiros de cobertura são usados para alguns utilizadores e a informação dos utilizadores é propagada entre estes ficheiros de cobertura. Se designarmos os ficheiros de cobertura por *C0, C1, ... Ck-1* , e cada utilizador tiver uma chave de comprimento k, o ficheiro de cada utilizador é igual ao xor de cada C_i em que o j-ésimo bit da chave do utilizador é 1. K é uma matriz ortonormal k * k e cada linha de K é a chave do utilizador relacionado. C é uma matriz k * n para todos os ficheiros de cobertura.
Para escrever informação, se o ficheiro do i-ésimo utilizador for alterado, primeiro calculamos D =Fi,old + Fi,new, depois D é multiplicado pela transposição de ki e o resultado é adicionado a C. Assim, o ficheiro do i-ésimo utilizador só é alterado. A

---

[1] 'Alimentação de saída
[2] Livro de códigos eletrónico
[3] Encadeamento de blocos de cifras
[4] Vetor inicial
[5] ID do grupo
[6] Chamada de procedimento remoto

multiplicação e a adição podem ser efectuadas no campo Galois de 251 ou 256 para diminuir o custo de leitura e escrita.

No segundo método, o espaço do disco é preenchido com bits aleatórios e os ficheiros são armazenados nos blocos com os números aleatórios. O número destes blocos é calculado pela função hash do nome do ficheiro. Para evitar a colisão dos blocos, podemos escrever um bloco em locais diferentes.

[ANS98] representa apenas a conceção de um sistema de ficheiros seguro, e o segundo método é usado em [MK99] para implementar um sistema de ficheiros esteganográfico em 1999. Nesta implementação, o ext2 é usado como sistema de ficheiros base e os locais não usados no sistema de ficheiros base são usados pelo StegFS. A única alteração feita no ext2 é mudar a função de apagar para preencher os blocos do ficheiro apagado com valores aleatórios.

A negação completa das informações não é possível no StegFS porque a tabela de alocação de blocos do StegFS é armazenada como um arquivo normal no ext2. No entanto, o StegFS prevê um nível de segurança em que o utilizador pode revelar um nível de segurança e recusar os outros. A avaliação do desempenho do StegFS mostra que este atinge 0,1.

Para além do StegFS, existem outros trabalhos na área dos sistemas de ficheiros esteganográficos que podem ser vistos em [PITZ03, PITZ04, ZPIT04, Zho05, And07, DFBA08, HPGP10].

2.2.3. *Sistema de ficheiros com auto-certificação*

Em [MKKW99, Maz00], os autores conceberam um sistema de ficheiros seguro auto-certificado. Neste sistema de ficheiros, a autenticação de utilizadores e servidores não é feita pelo sistema de ficheiros mas por agentes.

Este sistema de ficheiros, ligado ao agente, pede-lhe que assine uma mensagem; depois, este sinal é enviado para o servidor e o servidor considera a correção da assinatura utilizando a chave pública do agente.

A autenticação do servidor também é efectuada pelo cliente. O servidor envia a sua chave pública ao utilizador e este verifica a igualdade do *hostlD* com SHA-1("Host info", Location, *ServerPublicKey*), utilizando o endereço que tem a forma /sfs/location:hostID/filenatne.

Devemos lembrar que se o servidor enviar outra chave pública, não pode extrair a chave de sessão, pelo que será recusada no acordo de início de sessão.

O conceito mais importante representado por este sistema de ficheiros é o de isolar as diferentes funções do sistema de ficheiros e, por conseguinte, reduzir a confiança no sistema de ficheiros. A utilização de diferentes agentes (que podem ser implementados por clientes) pode ser desenvolvida e todas as operações de criptografia podem ser relegadas para os agentes dos utilizadores.

2.2.4. *Sistema de ficheiros criptográficos transparente (TCFS)*

Em 2001, o TCFS apareceu em [CCSP01] e foi baseado no CFS. O TCFS enfatiza a transparência dos arquivos para os servidores e, portanto, não criptografa os metadados. Ele criptografa apenas o nome dos inodes e os dados dos inodes regulares. Com esta alteração, permite ao administrador do servidor obter cópias de segurança e também recuperar inodes após uma falha sem conhecer as chaves.

O TCFS não encripta todos os inodes; em vez disso, utiliza o x-attr dos inodes e se a propriedade "secure" do inode estiver definida para 1, encripta/desencripta o indoe.

A estrutura do TCFS é diferente da do CFS, e implementa 3 tipos de acesso seguro aos inodes: acesso de grupo, acesso bruto (baseado em processos) e acesso de utilizador. Em cada um destes acessos, a unidade relacionada (grupo, processo, utilizador) receberá a sua própria chave.

No TCFS, em primeiro lugar, é designado um valor aleatório para cada utilizador como "MasterKey". Esta chave-mestra é cifrada com a chave especificada pelo utilizador e é armazenada na base de dados. Esta base de dados é armazenada num servidor de chaves e os utilizadores são autenticados quando se ligam a este servidor de chaves através do método Kerberos e a chave de sessão é obtida.

Na partilha de grupo, deve ser apresentado um número mínimo de membros do grupo para aceder aos dados. No início da partilha de grupo, é criada uma "Partilha" para cada utilizador e esta partilha é encriptada com a palavra-passe do utilizador, é armazenada na base de dados e no estado de ativação do utilizador, a palavra-passe do utilizador é necessária.

O TCFS testa a integridade de cada um dos inodes encriptados através do hashing do bloco encriptado com a chave do bloco. A chave do bloco é calculada através do hashing da chave do inode e do número do bloco e a chave do ficheiro é escrita no campo file-key do cabeçalho do ficheiro depois de ser encriptada por a chave mestra. O TCFS é implementado para Linux, NetBSD e OpenBSD. Toda a gestão de chaves neste sistema de ficheiros é feita no espaço do utilizador.

2.2.5. *Legião FS*

LegionFS[WWHG01], o sistema de ficheiros do middleware Legion, surgiu em 2001. O Legion apresenta a imagem de uma máquina virtual que utiliza uma série de máquinas não confiáveis e distribuídas. Este middleware é um sistema orientado para

objectos e cada objeto tem um endereço próprio e está ligado a outros objectos através de RPC. Um objeto pode ser um recurso ou outras coisas como um utilizador, um anfitrião, um programador e um inode.
Cada classe é responsável pela produção das suas amostras e pela sua localização. Além disso, cada classe é responsável pela proteção de segurança e pela determinação da política de substituição dos seus objectos. Os objectos Legion podem estar activos ou inactivos (para armazenar o seu estado no disco) e podem migrar de um anfitrião para outro.
A classe mais básica relacionada com o ficheiro na legião é a BasicFileObject. Esta classe define as funções de leitura, escrita e migração. Cada coleção de ficheiros na Legião é gerida com um objeto da classe ProxyMultiObject que utiliza os sistemas de ficheiros Unix para referenciar os pedidos aos inodes relacionados. Cada classe pode gerir a replicação dos seus objectos e, desta forma, cada objeto especificado pelo Legion Object Identifier (LOID) pode existir em vários locais com endereços diferentes.
A implementação do Legion no espaço do utilizador diminui a confiança no kernel e não existe um utilizador raiz neste sistema. Cada objeto é responsável pela sua segurança e a chave pública de cada objeto é armazenada no seu nome e, através deste método, é possível estabelecer uma ligação segura entre objectos e determinar o tipo de criptografia.
Quando um utilizador entra na Legião, após a autenticação pela palavra-passe, recebe uma credencial. Quando o utilizador acede a um objeto, se o signatário da credencial tiver acesso a esse objeto, o utilizador pode utilizar esse objeto. O LegionFS propaga os ficheiros através dos recursos e, desta forma, o acesso ao objeto é fornecido sem a ligação ao servidor central. A distribuição de ficheiros também permite ao LegionFS tolerar erros físicos dos discos. O LegionFS pode ser desenvolvido e, por isso, um programador pode derivar os seus objectos de outros objectos e implementar as funções necessárias. Além disso, ao armazenar informações sobre o sistema, como a largura de banda necessária e a taxa de resposta, o é compatível com diferentes condições.

2.2.6. *FARSITE*

O Farsite[ABC^{+} 02] é um sistema de ficheiros distribuído sem qualquer servidor e representa a imagem de um servidor de ficheiros central. O Farsite surgiu em 2002 para MS-Windows. A informação dos ficheiros neste sistema de ficheiros é encriptada e a integridade dos mesmos é examinada. O Farsite replica a informação

em diferentes discos para evitar erros físicos e manipulações.
Este sistema de ficheiros foi concebido para um modelo de carga de trabalho com muitos acessos locais, menos actualizações e partilha de dados com leituras e escritas não paralelas. Os discos do Farsite pertencem a utilizadores que estão distribuídos pela rede e é possível adicionar algumas máquinas inúteis a essa rede.
Cada máquina, utilizador e espaço de nomes tem um certificado produzido pela autoridade do sistema. Além disso, ele produz raízes diferentes conforme os namespaces. O certificado do namesapce certifica a raiz desse espaço de nomes, as máquinas incluídas nesse espaço de nomes e as chaves públicas dessas máquinas. O certificado de utilizador certifica a identidade desse utilizador e a sua chave pública. O certificado de máquina certifica a existência da máquina como um recurso único e a sua chave pública.
Uma máquina pode ser um cliente, um grupo de diretórios ou um anfitrião de ficheiros. Um grupo de diretórios inclui as informações de um diretório e cada um dos seus membros armazena uma amostra das informações do diretório de forma independente. O hash do ficheiro é armazenado para o autenticar e para especificar a manipulação. Se um grupo de diretórios visitar muito tráfego, seleciona máquinas com menos tráfego e cria um novo grupo de diretórios, assina o certificado do novo grupo de diretórios e envia algumas das suas próprias informações para o novo grupo de diretórios para evitar que o desempenho do sistema diminua.
Cada ficheiro é encriptado com a sua chave simétrica e esta chave é encriptada com a chave pública de cada um dos utilizadores leitores e o resultado é armazenado com o ficheiro. Note-se que a chave do ficheiro é utilizada para desencriptar as chaves de bloco e cada chave de bloco é o hash do bloco. Este método é designado por "Encriptação convergente" porque um texto simples é transformado num texto cifrado único sem qualquer efeito da chave do ficheiro ou da chave do utilizador.
O nome dos diretórios e ficheiros também é encriptado com uma chave simétrica. Esta chave simétrica é também encriptada com as chaves públicas do utilizador e é armazenada nos metadados da diretoria. A avaliação da integridade é efectuada através do cálculo da árvore de hash Merkle.
As alterações são primeiro escritas nos registos na máquina cliente e, após o fim do acesso do utilizador, são enviadas para o sistema de ficheiros.
Para encontrar uma falha na máquina do cliente, antes de enviar os registos, cada cliente no Farsite cria uma chave de autenticação no início do pedido de um ficheiro

e envia cada parte desta chave para um dos membros do grupo de diretórios. O MAC[7] de cada alteração é calculado pela chave produzida e armazenado. Após o crash, o utilizador envia as alterações para o grupo de diretórios e, se o seu MAC for confirmado, as alterações são implementadas no sistema de ficheiros.

O Farsite é formado por um daemon do espaço do utilizador e um driver do kernel. O driver é o intermediário do sistema de ficheiros e é responsável pela gestão da cache e pela criptografia rápida. Outros trabalhos são feitos no espaço do utilizador.

2.2.7. *Plutus*

Em 2003, surgiu o Plutus [KRS+ 03]. É um dos melhores sistemas de ficheiros seguros e foi produzido pela HP. O Plutus é baseado no sistema de ficheiros distribuído OpenAFS. Por conseguinte, pode ser executado em Linux, Windows, AIX, Mac.

O Plutus classifica os ficheiros para diminuir o número de chaves partilhadas num grupo. Esta classificação de ficheiros é independente da hierarquia de diretórios e cada ficheiro ou diretório tem um atributo com o nome de grupo de ficheiros. O proprietário do ficheiro envia uma chave a outros para desencriptar uma caixa de bloqueio. A caixa de bloqueio contém as chaves simétricas dos ficheiros. Cada bloco tem uma chave e também é possível escrever uma chave e diferentes IVs para diferentes blocos.

Para a avaliação da integridade de um ficheiro, o valor hash é calculado e, após a formação da árvore hash, a sua raiz é assinada com a chave privada de assinatura e armazenada no cabeçalho do ficheiro. Todos os autores têm acesso à chave de assinatura do ficheiro (privada), mas os leitores só podem aceder à chave de verificação do ficheiro (pública). As entradas de diretório e também o número de grupos são encriptados independentemente com as suas chaves.

O Plutus introduziu pela primeira vez o conceito de "Lazy Revocation". A revogação preguiçosa é feita pelo proprietário do ficheiro. Quando um utilizador é revogado, o proprietário do ficheiro encripta cada uma das chaves do ficheiro com a sua chave privada e armazena as novas chaves para todos os utilizadores.

Assim, cada utilizador não revogado pode derivar as chaves anteriores decifrando a chave atual com a chave pública do proprietário do ficheiro, mas os utilizadores revogados não têm acesso às novas chaves e também não podem derivar as novas chaves das chaves anteriores porque não têm a chave privada do proprietário do

[7] Código de autenticação da mensagem

ficheiro. A chave de assinatura de ficheiro e a chave de verificação de ficheiro de um ficheiro também são alteradas após cada revogação. Para produzir a chave de verificação de ficheiro na forma de (e, N), é utilizada uma função para obter e de N utilizando uma chave que existe na caixa de bloqueio. A chave de assinatura do ficheiro também é calculada com o proprietário e é armazenada na caixa de bloqueio. Após cada revogação de utilizador, o valor de N é alterado e armazenado nos cabeçalhos dos novos ficheiros, mas para os ficheiros antigos que existiam antes da revogação, é utilizado o N com o valor anterior.

O Plutus introduz tokens para acesso de escrita aos utilizadores. O proprietário do ficheiro produz um token para um escritor autorizado e este token é também escrito no cabeçalho do ficheiro. Se o token enviado pelo escritor for igual ao valor escrito no cabeçalho, a escrita é permitida.

O Plutus usa RSA-1024 para criptografia assimétrica, 3DES para criptografia simétrica e SHA-1 para hashing.

2 anos após o nascimento do Plutus, Kevin Fu, um dos seus autores, e duas outras pessoas em [FKK06] apresentaram um exemplo e afirmaram que:

> "Este exemplo mostra que a combinação de um esquema de rotação de chaves e de um esquema de cifragem pode ter consequências indesejáveis e, por conseguinte, que não é sensato utilizar um esquema de rotação de chaves (mesmo seguro) como uma caixa de blocos para codificar diretamente os outros objectos criptográficos."

O FKK061 também afirma que, embora as chaves criadas com a rotação de chaves não sejam previsíveis, a sua utilização noutras cifragens torna-as diferenciáveis dos valores aleatórios.

No resto do artigo, os autores sugerem três métodos para o problema da revogação de utilizadores:

1. Utilizar a função hash da nova chave para gerar as chaves anteriores.
2. Utilizar a encriptação AES.
3. Utilizar a função de hash SHA-1 depois de aplicar a chave pública à nova chave.

A segurança destes métodos foi comprovada.

2.2.8. *SiRiUS*

O Securing Remote Entrusted Storage (SiRiUS) nasceu em 2003. O seu objetivo era tornar seguros os sistemas existentes. É implementado em NFS v3 utilizando a ferramenta SFS e OpenSSL.

Cada ficheiro no Sirius é constituído por duas partes: o ficheiro principal, que armazena os dados, e o ficheiro de metadados. Cada ficheiro tem uma chave de encriptação e uma chave de assinatura. Os leitores só têm a chave de encriptação e os escritores têm ambas. Estas chaves são encriptadas pelas chaves públicas dos utilizadores e armazenadas no ficheiro de metadados. Além disso, a chave de verificação em texto simples, o sinal do ficheiro de metadados pelo proprietário do ficheiro, o nome do ficheiro e o carimbo de data/hora da última alteração dos metadados são armazenados no ficheiro de metadados. O sinal do ficheiro é armazenado no final do ficheiro e é criado pela chave de sinal do ficheiro.

Cada diretório tem um ficheiro *mdf* que contém todos os metadados das raízes dos seus filhos. O ficheiro mdf do diretório raiz é assinado periodicamente para garantir a atualidade de todos os metadados.

É de salientar que o Sirius armazena o nome do ficheiro no ficheiro de metadados e também o nome do diretório no ficheiro *mdf*. Desta forma, evita a alteração fraudulenta do nome do ficheiro para aceder aos dados dos ficheiros com o mesmo pai. Por outras palavras, o Sirius torna a hierarquia pai-filho avaliável. A revogação do utilizador no Sirius é feita através da encriptação de todos os ficheiros com uma nova chave.

2.2.9. *Cryptfs, NCryptfs, eCryptfs*

Cryptfs[ZBS98] surgiu em 1998. Funciona em modo kernel, usando um sistema de ficheiros base. Cada utilizador envia uma frase-chave para o sistema de ficheiros através da função *ioctl*. A frase-passe é transformada em hash pelo MD5 e usada para encriptação de blocos de dados no modo CBC. O Cryptfs utiliza o Blowfish com chaves de 128 bits devido à rapidez dos seus cálculos. O valor do IV também é determinado no início da montagem.

O Cryptfs é implementado para Solaris, Linux e FreeBSD e actua em dois estados. No primeiro estado, a chave é pesquisada pelo ID real do utilizador e, no segundo estado, para além do UID real, é também utilizado o ID da sessão.

Em 2003, o NCryptfs apareceu em [WMZ03], que era uma versão desenvolvida do Cryptfs. O uso concorrente de múltiplos utilizadores, a existência de múltiplas chaves, e um algoritmo de encriptação e autenticação diferente foram adicionados ao NCryptfs. O NCryptfs é implementado para Linux usando o FiST[8] . Utiliza uma

[8] Sistema de ficheiros empilháveis

chave de longa duração para cada utilizador e todos os ficheiros são encriptados com essa chave. O eCryptfs surgiu em 2005 em [Hal05], baseado no Cryptfs e com o objetivo de facilitar a montagem e utilizar todas as unidades de segurança do sistema, como o TPM e a PKI.
O eCryptfs é implementado pelo FiST para Linux e armazena todos os metadados de um ficheiro no início dos blocos desse ficheiro. Os blocos de dados são classificados em partes denominadas extensão e cada extensão é encriptada em modo CBC.
Os valores IV das extensões são escritos no início do ficheiro. A integridade de cada extensão é avaliada calculando o valor de hash dessa extensão e armazenando o valor de hash no disco.

2.2.10. *Criptomoeda*

Cryptree[GMSW06] é uma estrutura em árvore para os sistemas de ficheiros seguros que apareceu em 2006 para o Kangoo. Neste método, a informação de acesso aos ficheiros não é escrita para cada ficheiro , mas utiliza "ligações criptográficas" para relacionar as chaves armazenadas na hierarquia de acesso entre si.
Existem dois tipos de ligações criptográficas: ligações simétricas e ligações assimétricas. Uma ligação simétrica é o resultado da chave de destino pela chave de origem numa encriptação simétrica, pelo que, utilizando a chave de origem, é possível chegar à chave de destino.
As ligações assimétricas são iguais às ligações simétricas, mas a encriptação é efectuada por um algoritmo de criptografia de chave pública e, por conseguinte, cada detentor da chave de destino pode criar a ligação assimétrica, mas apenas o detentor da chave privada (fonte) pode desencriptar a ligação e extrair a chave de destino.
Desta forma, a Cryptree utiliza 5 chaves para cada diretório e 3 chaves para cada ficheiro na árvore de leitura e, utilizando as ligações, liga as chaves. Na árvore de escrita, a Cryp tree utiliza 3 chaves para cada diretório ou ficheiro e 1 chave como chave de verificação é armazenada sem encriptação.

2.2.11. *ZFS*

O ZFS [ZRADAD10] é um sistema de ficheiros comercial e gestor de discos concebido para o Solaris. Ele usa um pool de armazenamento e gerencia todos os discos por conta própria e não funciona como um sistema de arquivos simples sob a supervisão do VFS.
O ZFS armazena as informações em diferentes locais do pool de armazenamento e, para evitar erros de disco, calcula a soma de verificação de cada bloco. O ZFS usa Técnica "Copy on Write" para evitar a escrita da informação no local anterior; por

conseguinte, pode produzir instantâneos do sistema rapidamente.
Por outro lado, o ZFS utiliza o método de deduplicação para evitar a dissipação de espaço em disco pelos blocos replicados dos ficheiros e armazena apenas os ponteiros para os blocos alterados. O ZFS também é capaz de comprimir e encriptar as informações para os utilizadores.

2.2.12. *Crosta*

Crust [GW09] é um sistema de ficheiros seguro para servidores inseguros que surgiu em 2009. O Crust não usa qualquer algoritmo de criptografia de chave pública e todas as encriptações são simétricas; desta forma, a velocidade do sistema de ficheiros é aumentada sem diminuir a sua segurança.
No Crust, cada utilizador partilha uma chave de longo prazo com qualquer um dos outros utilizadores. Estas chaves podem ser obtidas utilizando a chave do utilizador e são armazenadas numa base de dados pública. Cada uma das duas chaves principais de cada utilizador é determinada e distribuída no início da criação do sistema de ficheiros por um agente de confiança; depois disso, não há necessidade do agente de confiança. Só se um utilizador for adicionado ao sistema é que a distribuição das chaves partilhadas é feita em pelo agente.
A tabela de utilizadores armazena o nome e a identificação de cada utilizador. No final da tabela de utilizadores, é armazenada uma matriz dos MACs produzidos pela chave partilhada entre os utilizadores e o agente de confiança. Esta tabela é armazenada no servidor e cada utilizador pode avaliar a sua integridade.
Cada ficheiro é encriptado com uma chave a que tanto os leitores como os escritores têm acesso e a integridade do ficheiro é produzida pelo escritor como um MAC. Para tal, o proprietário do ficheiro produz uma chave de autenticação que é enviada a todos os escritores. Cada leitor recebe o valor hash desta chave concatenado com o ID do leitor como chave de autenticação. Assim, cada ficheiro tem um MAC para cada um dos leitores. As chaves dos leitores e dos escritores formam o cofre que é encriptado com a chave de encriptação partilhada com o proprietário e a sua integridade é testada pela chave de autenticação partilhada. Estas duas chaves são derivadas da chave partilhada. A integridade do ficheiro é avaliada por uma árvore de hash e calculando o MAC para a raiz desta árvore de hash.
A Crust apresenta um novo método de revogação de chaves. Neste novo método, as chaves são organizadas numa matriz de dimensão d, em que o comprimento de cada dimensão é in e o número total de revogações de chaves será n = Ind. A chave primária é Kn-1 inicializada com bytes aleatórios. Cada chave Ki é derivada da chave

primária numa sequência única de cálculos e d funções hash f_0, f1,... , f_{d-1}. Depois de obter o Ki, o seu valor hash é utilizado para a encriptação.
O número de cada chave é escrito como um número de base m. Se $b_k(i)$ for o k-ésimo dígito da i-ésima chave na base de m, a i-ésima chave é derivada executando fd-1, fd-2, ...,f0 consecutivamente no Kn-1. O número de execuções de fk é igual a (m - 1) - bk(i). Assim, após cada revogação de utilizador, o proprietário do ficheiro aumenta o índice (versão), obtém uma nova chave e armazena todas as chaves necessárias para obter as chaves com versões anteriores (menos índices). O número máximo de chaves escritas é d; por conseguinte, é reduzido de log(n)/log(2) no TreeKIABC0061 para d = log(n)/ log(m) no Crust.
O Crust é implementado para Linux usando o FUSE[9] . Ele usa HMAC, AES-128 e SHA1.

2.3. *Métodos criptográficos*

Nesta secção, consideramos alguns métodos criptográficos que melhoram o desempenho e a velocidade das operações criptográficas.

2.3.1. *Gestão dinâmica e eficiente de chaves nas hierarquias de acesso*

Em [ABFF09] são apresentados dois métodos para a gestão de chaves nas hierarquias de acesso. Nas hierarquias de acesso, um utilizador que tenha acesso a um nó da hierarquia tem também acesso aos nós abaixo desse nó.
No primeiro método, cada nó da árvore de acesso tem um valor de etiqueta pública (1) e um valor de chave privada (k). Cada aresta de v, para v1 é inicializada por y_ij=kj+H(k($_i$),lj). Por conseguinte, cada pai tem acesso à chave do filho utilizando a sua chave e a etiqueta da aresta. Cada utilizador tem um nó e a chave desse nó é calculada por ki = H(li,kuser). Desta forma, para a revogação do acesso do utilizador, não é necessário alterar todas as chaves dos nós inferiores; basta alterar a sua etiqueta.
Neste método, são acrescentadas algumas arestas adicionais para diminuir o tempo de acesso de cada nó aos seus filhos. Assim, para cada subárvore da árvore principal, é especificado o centróide (o nó cuja eliminação faz com que uma subárvore não tenha mais nós do que metade dos nós da árvore principal) e, em seguida, é adicionada uma aresta da raiz ao centróide. Agora, a subárvore com centroide raiz é omitida e esta operação é efectuada para a nova árvore. Esta operação continua até que a subárvore não esteja vazia. Por conseguinte, é criada uma estrutura não arbórea (devido à

[9] Sistema de ficheiros no espaço do utilizador

existência de rondas), sendo o tempo de acesso, no pior dos casos, reduzido de log(n) numa estrutura arbórea para log(log(n)) nesta.

No segundo método, é criado um compromisso entre o número de arestas adicionadas e o tempo de acesso. O segundo método também encontra os centróides e adiciona arestas. Assim, o utilizador pode aceder a cada nó com uma complexidade constante.

Em [ABF06], os mesmos autores sugerem um método para aceder a hierarquias não arbóreas. Neste método, os nós são ordenados por uma relação e é criado um grafo. É criada uma representação d-ária deste grafo, que é uma ordem parcial de d dimensões, e depois são acrescentados nós e arestas adicionais. O tempo de acesso no pior caso deste método é 2d + 1.

Em [RCH07], o método utilizado em [ABFF09] é representado com algumas alterações. Em [JC09], a revogação do utilizador é considerada quando são atribuídas várias chaves a cada utilizador e são sugeridos alguns métodos diferentes. Em todos os métodos, são atribuídas uma etiqueta e uma chave a cada utilizador. Estas etiquetas criam uma ordem parcial e, utilizando esta ordem, são especificados os valores das chaves e das etiquetas.

2.3.2. *Atualização segura de chaves para revogação preguiçosa*

Em [BCO06], são sugeridos dois métodos para produzir um novo método com maior número de revogações. No primeiro método, obtém-se a soma dos números de revogação dos métodos introduzidos e, no segundo método, o produto dos números de revogação dos métodos introduzidos. Além disso, a segurança destes métodos foi comprovada.

No resto deste trabalho, são sugeridos três métodos para a revogação preguiçosa. O primeiro método é a utilização da função de hash sequencial e o segundo método é o método corrigido de Plutus.

O terceiro método é um novo método e as chaves na revogação preguiçosa são produzidas por uma árvore binária. A complexidade do acesso às chaves é reduzida de n para log(n) quando n é o número de revogações. Este método tem o nome de TreeKU. Uma árvore binária representa o número de chaves revogadas quando é percorrida na forma de pós-ordem. Além disso, cada nó tem uma etiqueta, e a etiqueta do nó raiz está vazia. A etiqueta de cada filho direito é igual à etiqueta do pai concatenada com 1, e a etiqueta de cada filho esquerdo é igual à etiqueta do pai concatenada com 0.

Para além da etiqueta, cada nó tem uma chave e a chave raiz é inicializada aleatoriamente. A chave de cada filho é derivada da chave do pai e, desta forma, cada

pai pode produzir as chaves dos filhos, mas os filhos não podem produzir a chave do pai.
Após cada revogação de chave e seleção do novo nó t, P_t é definido como o conjunto dos binários da etiqueta e da chave para todos os nós desde a raiz até ao nó atual. L_t é definido como o conjunto de binários da etiqueta e da chave para todos os nós que são irmãos à esquerda dos nós em Pt e que não estão em Pt. Lt e t são dados aos utilizadores válidos e, por conseguinte, cada utilizador pode obter as chaves revogadas de L_t e a nova chave é t, que não é conhecida pelos utilizadores revogados. Note-se que estas chaves são as chaves internas da árvore e que as chaves externas podem ser obtidas executando a função semi-aleatória F nas chaves da árvore.
A segurança destes métodos foi provada. Estes autores também formularam três métodos previamente introduzidos em [BCO05] e provaram a sua segurança. Estes três métodos são: revogação preguiçosa na criptografia simétrica, MAC e assinatura de mensagens.

2.3.3. *Verificação eficiente da integridade para armazenamento em rede com confiança*

A [HPPT08] representa um método de verificação da integridade da informação armazenada nos servidores de confiança. Neste método, temos um servidor de armazenamento e um servidor de autenticação e nenhum deles é de confiança. O servidor de armazenamento apenas armazena os dados e não tem capacidade de computação, mas o servidor de autenticação pode processar a informação, bem como armazená-la.
Neste método, algumas informações são armazenadas na máquina do cliente e as informações sobre a integridade do são armazenadas no servidor de autenticação. Este método utiliza a estrutura de dados da lista de saltos para produzir e armazenar os valores de hash. Os valores armazenados em cada nível da lista de saltos são calculados através do hashing dos valores do nível inferior e os valores inferiores são os valores armazenados no disco. Todos os níveis são armazenados no servidor de autenticação e o nível superior, que é apenas um campo, é armazenado na máquina do cliente.
Por conseguinte, quando os dados são armazenados no servidor de armazenamento, é enviado um pedido ao servidor de autenticação que envia uma "prova" ao cliente. O cliente utiliza esta prova para verificar a correção da ação do servidor de autenticação e corrige o valor máximo que ele próprio tinha armazenado.

Quando o cliente solicita informações ao servidor de armazenamento, é também enviado em paralelo um pedido ao servidor de autenticação, solicitando-lhe que devolva os valores de hash relacionados com os blocos solicitados sob a forma de uma prova. Em seguida, a correção da prova é considerada e a integridade dos blocos devolvidos pelo servidor de armazenamento é avaliada.

Este método é implementado utilizando o *Cockpit*, uma parte do projeto de código aberto Jets3t. Utiliza também o *Amazon S3*[10] como servidor de armazenamento e *o Amazon EC2*[11] como servidor de autenticação.

2.4. Métodos criptográficos

2.4.1. FastAD

O FastAD [SMBA10] é um método de autenticação para diretórios com milhares de milhões de ficheiros que surgiu em 2009. Neste método, o hash dos blocos é dividido em grupos b-ários e uma skip-list é criada em cima deles. Os nós da skip-list criada não têm um número aleatório de filhos e são como uma árvore de merkle.

São apresentados dois métodos para construir os nós superiores a partir dos inferiores. O primeiro método, "MuHASH", é calculado da seguinte forma:

$$\mathrm{MuHASH}^{h}_{<G>}(Z_{0,(u,v)}) = \prod\nolimits^{v}_{j=u}[h(< j >\| D_j)]$$

< j > é a apresentação binária do número do bloco e D é o hash da mensagem computado no nó filho. No cálculo de h, este método utiliza *o SHA-384* três vezes e utiliza os primeiros 1024 bits calculados.

As multiplicações são efectuadas no grupo G que tem uma ordem superior a 21024.

No segundo método, é utilizada a função "AdHASH":

$$\mathrm{AdHASH}^{h}_{M}(Z_{0,(u,v)}) = \sum\nolimits^{v}_{j=u}[h(<j>\|D_j) \bmod M]$$

O valor mínimo para M é 2^{1600} para uma segurança de 80 bits e a função h utiliza *SHA-384* cinco vezes e seleciona os primeiros 1600 bits do resultado.

Note-se que a utilização destas duas funções hash permite-nos atualizar o valor hash sem o cálculo completo das fórmulas. No FastAD, para cada nó, os valores hash dos seus pais também são armazenados e, desta forma, não é necessário restaurar todos os nós superiores (mas depois de garantir a correção dos valores armazenados como valores hash dos pais).

2.4.2. Criptografia de chave dinâmica

A criptografia de chave dinâmica [NWL+ 10] foi lançada em 2010. Este artigo

[10] Servidor de armazenamento simples da Amazon

[11] Amazon Elastic Compute Cloud

representa um método para produzir chaves sequenciais relativas a chaves com um comprimento desejável que é seguro num intervalo de tempo limitado. A construção de chaves dinâmicas, em comparação com o uso de chaves longas, tem melhor segurança e desempenho para os sistemas criptográficos. Neste método, mesmo que a chave dinâmica de uma mensagem seja descoberta, outras mensagens encriptadas não podem ser desencriptadas por essa chave.

As chaves dinâmicas são chaves simétricas que não são aceites no início da sessão; em vez disso, após uma aceitação ou aceitação por defeito. Estas chaves são utilizadas em todas as sessões seguintes. No método representado neste artigo, dois lados aceitam primeiro duas chaves. Depois, um dos lados produz m

As chaves temporais e envia-as para o outro lado. Estas chaves são combinadas nos dois lados e é produzida uma "*chave de semente*".

A primeira chave dinâmica é criada através do hashing destas $m+1$ chaves. Para cada chave dinâmica seguinte, a primeira chave temporal na chave dinâmica anterior é eliminada e a chave dinâmica anterior é substituída.

Após a primeira geração, podemos produzir a geração seguinte das chaves dinâmicas após um acordo entre as duas partes. A função de hash actua sobre o valor xor de todos os parâmetros introduzidos. Podemos utilizar *MD2, MD5, SHA, HAVAL, RSA* e logaritmo discreto como função de hash. Os autores sugerem a função HAVAL devido ao reduzido número de cálculos e às capacidades de saída de comprimento variável.

No resto deste trabalho, é considerada a segurança das chaves dinâmicas e são explicados os procedimentos para identificar o número de parâmetros da função de hash, o comprimento de cada chave dinâmica e o número de chaves dinâmicas numa geração.

2.5. *Externalização de dados*

Atualmente, devido ao aumento dos custos do gestor e administrador de armazenamento, diferentes organizações alugam espaço de armazenamento a servidores externos para reduzir os seus preços. Por outro lado, a disponibilidade e a proteção contra ataques são outras vantagens da externalização dos dados. No entanto, a segurança dos dados deve ser assegurada por sistemas de ficheiros seguros. Nesta secção, consideramos alguns métodos nesta área.

[WLOB09], que surgiu em 2009, representa um método de acesso eficaz e seguro aos dados externalizados. Neste método, estão presentes um escritor e vários leitores e

este modelo de acesso foi concebido para os grandes dados, que são cerca de petabytes. Uma organização escreve ou actualiza a informação e permite que outros tenham acesso controlado a diferentes partes da informação.
Os dados são armazenados de forma cifrada no servidor e supõe-se que existem algumas chaves distribuídas previamente entre o servidor e o escritor e também entre o escritor e os leitores. O acesso de leitura dos leitores pode ser alterado ao longo do tempo e, por conseguinte, é provável que ocorra um problema de revogação de chaves.
São sugeridos dois métodos para este problema: "Sobre-encriptação" (reencriptação dos dados enviados pelo servidor) e revogação preguiçosa (se o primeiro método não puder ser efectuado).
Em [WLOB09], cada leitor envia um pedido ao proprietário dos dados pela primeira vez e este responde-lhe enviando as chaves pedidas e um certificado de acesso depois de verificar o acesso do leitor na matriz de controlo de acesso. Esta resposta é enviada por um canal seguro. Em seguida, o leitor envia o certificado para o servidor, que verifica o certificado e envia os dados cifrados para o leitor.
Neste método, os dados são granulados em tamanho de bloco e as chaves são identificadas por uma estrutura em árvore; por conseguinte, as chaves dos filhos podem ser calculadas por hashing.
No primeiro pedido, a semente do gerador de bits aleatórios é enviada para o leitor e também escrita no certificado. Assim, a sobre-encriptação será feita por esta semente. Se a sobre-encriptação não puder ser feita, após a revogação do acesso do utilizador, precisamos de uma revogação preguiçosa. Assim, os blocos que podem ser acedidos pelo utilizador revogado são marcados na matriz de acesso e, quando os blocos marcados são escritos, são atribuídos novos blocos a esses blocos revogados. Cada bloco revogado é transformado em blocos de controlo e aponta para o novo bloco. Os blocos de controlo só podem ser lidos pelo proprietário. Por conseguinte, o leitor não os pode ler e envia-os para o proprietário, que cria um novo certificado para os novos blocos e para esse leitor.
O [BCdV$^+$ 09] representa um método para a gestão de chaves dos dados externalizados. Trata-se de um método heurístico que surgiu em 2009 para minimizar as chaves protegidas e distribuídas (o problema é NP-difícil). As chaves são usadas apenas para ler dados e existe uma matriz de acesso para identificar o acesso dos utilizadores a diferentes recursos. O grafo do utilizador é um grafo que tem um nó para cada membro do conjunto de poder do conjunto de utilizadores e existe uma

aresta de cada nó para o seu nó mais geral. Assim, depois de atribuir a chave a cada nó, basta obter a chave de cada utilizador e encriptar cada recurso com a chave do nó do seu utilizador.
Agora, a árvore de utilizadores é definida como o subgrafo do grafo de utilizadores que inclui o nó vazio e os seus nós incluem os vértices materiais (um subconjunto do conjunto de poder dos utilizadores que inclui o conjunto vazio e os utilizadores de cada recurso). Cada nó da árvore de utilizadores tem uma etiqueta e cada pai identifica a chave do filho através do hashing da sua chave concatenada com a etiqueta do filho. As etiquetas são distribuídas publicamente e apenas as chaves necessárias para cada utilizador lhe são enviadas. Cada utilizador pode derivar as chaves mais gerais.
Assim, um grafo de utilizador pode produzir várias árvores de utilizador. O problema de minimização do número de chaves é conduzido para produzir uma árvore de utilizadores com uma soma mínima do número de chaves do utilizador. A função de peso das arestas é definida como a diferença entre o número de utilizadores de origem e de destino e o peso da árvore é igual à soma do peso das suas arestas. Por conseguinte, o problema é alterado para encontrar uma árvore com o peso mínimo, Para este problema, começa-se por formar a árvore de extensão mínima para a árvore do utilizador com os vértices materiais. Em seguida, para cada nó desta árvore e para cada um dos dois filhos deste nó cujos recursos comuns dos filhos não são iguais ao nó, o valor da redução do peso da árvore é calculado após a adição do nó comum e o nó com a redução máxima do peso da árvore é adicionado no final.
Em [GPT T08], Athos, foi representado um método de autenticação para dados externalizados que utiliza uma skip-list para armazenar os valores hash. Neste método, o servidor representa uma prova para além dos blocos armazenados e o utilizador considera esta prova como garantia do funcionamento do servidor.
Em [SdV10], os temas da externalização de dados são considerados de forma concisa e são apresentadas diferentes soluções. Este artigo também considera diferentes técnicas para enviar bases de dados para servidores inseguros com capacidade de consulta. Estes métodos são: encriptação de dados, encriptação e fragmentação de dados para servidores não comunicantes, encriptação e fragmentação de dados para fragmentos não ligáveis, e fragmentação de dados com envolvimento do proprietário.

2.6. *Conclusão*

Neste capítulo, analisámos alguns dos trabalhos relacionados com os sistemas de ficheiros seguros. Primeiro, apresentámos os sistemas de ficheiros normais e analisámos os métodos para melhorar o seu desempenho e utilização. Depois, familiarizámo-nos com os sistemas de ficheiros seguros e descrevemos os métodos de verificação da integridade e da confidencialidade.

Depois disso, analisámos alguns métodos criptográficos que podem ser utilizados em sistemas de ficheiros seguros. Por fim, discutimos os métodos de externalização de dados e explicámos os métodos de comunicação segura entre o servidor e o cliente para proteger os dados nos centros de dados.

Capítulo 3

Estrutura de segurança da GSFS

Neste capítulo, estudamos a estrutura de segurança do Sistema de Ficheiros Seguro baseado na GPGPU (GSFS). Em primeiro lugar, explicamos os requisitos de segurança do GSFS e, em seguida, abordamos os pormenores e consideramos os métodos de integridade e confidencialidade em diferentes partes do sistema de ficheiros.

3.1. *Requisitos de segurança para GSFS*

Os requisitos de segurança da GSFS são:

1. Integridade e confidencialidade dos inodes: O GSFS é um sistema de ficheiros seguro que proporciona tanto a confidencialidade como a integridade dos dados. Por conseguinte, cada manipulação dos campos do superbloco ou das tabelas do sistema de ficheiros é detectada no início da montagem e é apresentada ao utilizador. Além disso, as manipulações de inodes são detectadas durante o acesso ao sistema para inodes regulares, a manipulação de blocos de dados é realizada quando o utilizador acede ao bloco alterado.
2. Seleção de nós seguros: Os utilizadores são responsáveis por solicitar a autenticação e a confidencialidade e todas as informações não são encriptadas regularmente. Quando um utilizador necessita de autenticação e confidencialidade para um diretório, solicita ao GSF que o torne seguro. Os dados e metadados de cada nó seguro são encriptados e a sua integridade é avaliada. Esta segurança baseada em pedidos do utilizador torna o sistema de ficheiros mais flexível e os utilizadores terão nós seguros e nós seguros.Por exemplo, os utilizadores podem pedir segurança apenas para os seus dados privados e os outros ficheiros executáveis podem ser inseguros. Desta forma, o espaço total do disco não é encriptado e, por conseguinte, o desempenho do sistema é melhorado.
3. Partilha de nós seguros: o GSFS permite a partilha de nós entre diferentes utilizadores. O proprietário do nó pode adicionar outros utilizadores à lista de utilizadores de um nó seguro para leitura ou escrita.
4. Aumentar e diminuir o número de utilizadores de cada nó em cada nível da estrutura da árvore do sistema de ficheiros: No GSFS, o nível de acesso dos utilizadores pode ser aumentado ou diminuído em cada nível. O proprietário

de um nó seguro pode fazer com que alguns utilizadores sejam responsáveis por esse nó ou que alguns utilizadores de cada criança o sejam. Esta ação pode ser feita em cada nível da estrutura da árvore do sistema de ficheiros.Por conseguinte, é possível adicionar alguns utilizadores a um nó de acesso seguro e os novos utilizadores podem não ter acesso a outros filhos do progenitor. É igualmente possível eliminar alguns utilizadores do progenitor num filho e, desta forma, alguns utilizadores do progenitor não têm acesso a este filho. O GSFS utiliza a revogação de chaves Crust para acelerar a derivação de chaves e minimizar a memória necessária.

5. Diferenciando autenticação de confidencialidade: A autenticação na GSFS é feita pela chave pública do utilizador raiz e a confidencialidade é feita pela chave pública dos utilizadores. Por conseguinte, não é necessário discutir a diferenciação entre leitor e escritor.
6. Reduzir a utilização da criptografia de chave pública: O GSFS apenas encripta os twigs dos inodes seguros pelas chaves públicas e usa ligações criptográficas Cryptree para os inodes subjacentes encriptarem as suas chaves pela chave dos seus pais. Desta forma, o GSFS tenta minimizar a utilização da criptografia de chave pública.

3.2. *Segurança dos inodes de diretório*

Cada inode seguro no GSFS tem um valor hash que é armazenado como código de autenticação e utilizado para verificação de integridade.

Cada inode de diretório seguro ou inode de diretório com alguns inodes de diretório seguros deve ser autenticado. Por conseguinte, as entradas de diretório (dentries) dos inodes de diretório devem ser autenticadas. Isto é feito através da produção de um valor hash para cada dentry que é armazenado num determinado local na página dentries do inode.

Esta página é uma árvore m-ary cujas folhas incluem as dentaduras e, em cada nível, alguns filhos são selecionados para produzir o hash dos pais e este processo continua para calcular o hash da raiz. O valor da raiz da página de dentries é armazenado no inode. Quando o inode pretende aceder a uma dentadura, os valores hash armazenados no caminho desde a raiz até esse valor hash da dentadura são considerados como tendo valores corretos para essa dentadura. Além disso, o hash da dentadura é computado e comparado com o valor hash fornecido pela página dentries.

Para a confidencialidade dos inodes seguros, cada inode twig seguro tem uma chave de proprietário que é selecionada aleatoriamente e uma versão para Crust que é aumentada após cada revogação. Utilizando a chave do proprietário e a versão, podemos produzir uma chave Crust que é capaz de produzir todas as chaves com uma versão igual ou inferior à versão Crust.

Após cada revogação, a versão do Crust é aumentada e é produzida uma nova chave Crust utilizando a chave do proprietário. Tal como referido no capítulo anterior, a nova Crust key é capaz de produzir todas as chaves anteriores, mas a Crust key antiga não pode produzir a chave com a nova versão.

A chave Crust mais recente é encriptada pelas chaves públicas de todos os utilizadores que têm acesso ao inode e é escrita no bloco do utilizador. A chave do proprietário é apenas encriptada pela chave pública do proprietário e é também escrita no bloco do utilizador. O valor hash do bloco do utilizador é calculado e armazenado no inode e, desta forma, consegue-se a autenticação do bloco do utilizador.

O GSFS não aloca necessariamente uma Crust key diferente para cada inode, e uma Crust key pode ser partilhada entre alguns inodes. Cada inode primeiro deriva a chave com sua própria versão da Crust key e então usa essa chave para derivar sua própria chave. Mas há dois casos em que um inode filho tem uma Crust key diferente:

1. O primeiro caso é quando o acesso de alguns utilizadores no inode principal não é permitido para o inode secundário. Neste caso, uma nova chave de proprietário é atribuída ao filho e a nova chave Crust é criada para ele.
2. O segundo caso é quando o conjunto de utilizadores que têm acesso ao inode filho é mais geral do que os utilizadores que têm acesso ao inode pai. Neste caso, tal como no caso anterior, é atribuída uma nova chave de proprietário para o inode filho e é produzida a nova chave Crust para o mesmo. A nova Crust key é apenas encriptada pelas chaves públicas dos novos utilizadores e armazenada no bloco de utilizadores. Neste caso, devido ao acesso dos utilizadores do inode pai, utilizamos o método de ligações criptográficas Cryptree para encriptar a chave Crust filha com a chave do inode pai e armazená-la no bloco de utilizadores. Assim, os utilizadores pais não necessitam de criptografia de chave pública para aceder ao inode filho.

3.3. *Segurança dos inodes regulares*

O GSFS utiliza GC M1 para a segurança dos blocos de dados de inodes regulares seguros. A GCM [Dwo07] é uma cifra de bloco que garante a confidencialidade e a autenticidade dos dados e é recomendada pelo NIST em 2007.

Para encriptar um bloco com o GCM[12] , são necessários um vetor inicial (IV) e uma chave, e é produzida uma etiqueta autenticada (AT) para garantir a autenticidade. A chave do bloco é derivada da chave Crust; por conseguinte, devemos armazenar o valor triplo de [Versão, IV, AT] (VIA) para cada bloco.

Os VIAs são armazenados em blocos do sistema de ficheiros e, para garantir a integridade, utilizamos o hash de cada bloco para formar páginas hash. No nível seguinte, as páginas de hash são formadas a partir das páginas de hash do nível anterior. Isto continua até que os dois valores das raízes das duas últimas páginas hash sejam alcançados e armazenados no inode. Quando um utilizador lê uma página, a integridade das páginas hash é avaliada analisando esta estrutura em árvore de forma inversa até se atingir o valor integrado de VIA da página de destino. Em seguida, o VIA é utilizado pelo GCM para decifrar e autenticar a página solicitada. O valor do IV para cada página dos dados deve ser aumentado de um em cada momento da escrita.

3.4. *Segurança de outras partes*

Cada inode seguro produz um valor de hash como o código de garantia de autenticidade (AAC) e os AACs de todos os inodes são armazenados na tabela Inode Hash Pages (IHP). O valor de hash desta tabela e de outras tabelas é calculado e armazenado no superbloco.

O valor hash do superbloco com um carimbo de data/hora é assinado pela chave privada do utilizador raiz e armazenado no final do superbloco após cada sincronização do sistema de ficheiros. Este valor é examinado no início da montagem e, desta forma, é avaliada a integridade de todas as partes do sistema de ficheiros. Se houver alguma manipulação do superbloco ou de uma das tabelas, é enviado um alerta ao utilizador.

Para evitar ataques de repetição, o valor de hash do superbloco e o carimbo de data/hora são escritos para o utilizador root no início e no fim da montagem, e o utilizador root terá conhecimento do último carimbo de data/hora do sistema de ficheiros e do valor de hash do superbloco.

---

[12] Modo Galois/Contador

Se não pudermos confiar na hora do sistema, podemos utilizar servidores de carimbo de data/hora fiáveis para enviar o valor hash do superbloco e armazenar o valor de carimbo de data/hora devolvido desse hash, que é assinado pela chave privada do servidor. Neste caso, precisamos apenas da chave pública do servidor para avaliar a integridade. Note-se que, na versão atual, confiámos na hora do sistema, e a utilização de servidores de carimbo de hora fiáveis pode ser acrescentada ao GSFS em versões futuras.
A GSFS usa RSA-1024 para criptografia de chave pública e *Skein*[13] como sua função hash. A Skein é uma das cinco funções de hash selecionadas para a última ronda do concurso SHA3 .[14]

3.5. *Conclusão*

Neste capítulo, analisámos a estrutura de segurança da GSFS. Primeiro, apresentámos os requisitos de segurança do GSFS e, em seguida, explicámos como fornecer confidencialidade e integridade para inodes de diretório seguros e inodes regulares seguros. Finalmente, apresentámos o método para avaliar a integridade do superbloco utilizando o carimbo de data/hora.

[13] http//www.skein-hash.info
[14] http://csrc.nist.gov/groups/ST/hash/sha-3/Round2/documents/Round2_Report_ NISTIR_7764.pdf

Capítulo 4

Implementação do GSFS

Neste capítulo, vamos analisar a implementação da GSFS. Primeiro, apresentamos a estrutura geral do GSFS e depois explicamos os pormenores de cada parte. Depois, consideramos algumas funções e, em seguida, descrevemos o método de sincronização no GSFS.

4.1. *Estrutura geral*

Existem várias formas de implementar um sistema de ficheiros. Utilizando o FUSE[15], é possível implementar um sistema de ficheiros em modo de utilizador. Também é possível implementar um sistema de ficheiros por NFS. Mas a forma mais eficiente é implementar o sistema de ficheiros como um módulo do kernel. Desta forma, para além de uma maior segurança devido ao facto de as funções serem executadas em modo kernel, evitam-se as trocas de contexto consecutivas.

GSFS é implementado como um módulo do kernel para Linux 2.6.34. Não requer um sistema de ficheiros base e é capaz de montar independentemente em cada dispositivo de bloco. A primeira montagem requer o envio do parâmetro opcional *"-o create"* para inicializar as tabelas e o superbloco.

No início da montagem, o usuário root deve informar sua chave privada para o GSFS, ela é necessária para a assinatura do hash do superbloco e carimbo de tempo para as alterações que ocorrerão.

A estrutura geral da GSFS é apresentada na Figura 1.

[15] Sistema de ficheiros no espaço do utilizador

Figura 1: Estrutura da GSFS

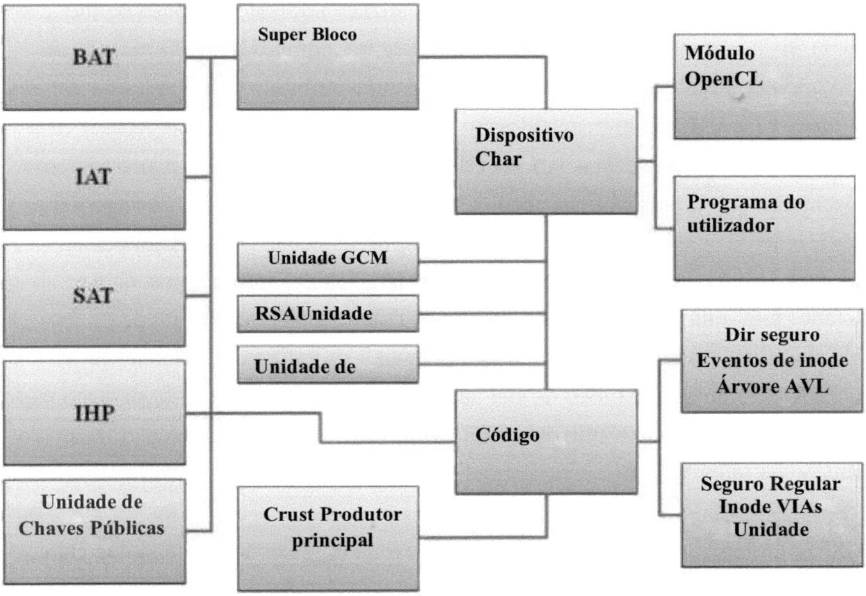

BAT
IAT
SAT
IHP
Unidade de Chaves Públicas
Super Bloco
Unidade GCM
RSAUnidade
Unidade de
Crust Produtor principal
Dispositivo Char
Código
Módulo OpenCL
Programa do utilizador
Dir seguro Eventos de inode Árvore AVL
Seguro Regular Inode VIAs Unidade

4.2. *Tabelas GSFS*

O GSFS utiliza algumas tabelas para aceder a diferentes partes do sistema de ficheiros.

A tabela de atribuição de blocos (BAT) é responsável pela atribuição de blocos de disco. Dedica um bit a cada bloco. O valor 0 desse bit diz que o bloco em questão está livre e o valor 1 diz que está alocado. Desta forma, o GSFS procura o BAT quando necessita de um bloco. O número do bloco inicial e final do BAT e também o número do último bloco alocado são armazenados no superbloco. O valor hash do BAT é escrito no superbloco para a próxima autenticação.

A tabela de atribuição de inodes (IAT) é responsável pela atribuição do número de inodes e também pela especificação do número de bloco de cada inode. Atribui 4 bytes a cada inode, o que permite armazenar um número inteiro sem sinal de 32 bits que indica o número de bloco do inode. O valor zero deste inteiro indica que o número do respetivo inode não está atribuído. O número de bloco inicial e final do IAT, o último número de inode atribuído e o valor hash do IAT são escritos no superbloco.

A tabela de atribuição de índices seguros (SAT) é responsável pela atribuição de um índice a cada inode seguro para armazenar o seu valor de hash nas *páginas de hash dos inodes (IHP)*. Este índice especifica a localização do valor de hash do inode no IFIP. O SAT atribui um bit para cada índice seguro, como o BAT. O número de bloco inicial e final do SAT e IHP, o último índice atribuído pelo SAT e os valores de hash do SAT e IHP são armazenados no superbloco.
O acesso a cada página destas tabelas é feito através de um LRU[16] e, por isso, são apresentadas as últimas páginas acedidas por estas tabelas. Assim, o acesso e a modificação das páginas podem ser feitos sem necessidade de as ler do disco.
A unidade de chaves públicas é a gestora das páginas dos utilizadores. Cada utilizador tem uma página que armazena a sua chave pública. A unidade de chaves públicas utiliza um bloco do disco para armazenar os valores binários do ID do utilizador e o número de bloco da sua página de utilizador. O valor hash desta página, para além das páginas dos utilizadores, é armazenado no superbloco e utilizado para avaliação da integridade.

4.3. *Unidades de segurança da GSFS*

A GSFS implementa as funções da chave Crust na unidade de produção de chaves Crust. Esta unidade é responsável por:

1. Produção de chaves Crust a partir da chave do proprietário e da versão pedida.
2. Derivar uma chave anterior com a versão pedida de uma chave Crust.

Na implementação atual, a GSFS utiliza d = 4, m = 16 e, por conseguinte, é possível revogar 15 = 216 ~ 65K chaves.
A unidade RSA é responsável pela encriptação/desencriptação através do algoritmo de criptografia de chave pública RSA-1024. Esta unidade faz parte do pacote *PolarSSL*[17] com poucas alterações para ser utilizada nos modos kernel e utilizador.
A unidade GCM encripta/desencripta blocos de dados de inodes seguros regulares. A GCM é uma cifra de bloco em modo de contador capaz de autenticar, para além da encriptação. Utiliza a função Calais Hash para calcular o valor de hash do bloco e utiliza este valor para verificação da integridade. Mais informações sobre o GCM podem ser encontradas em [Dwo07].
A unidade GCM utiliza a função AES do kernel e, se o módulo OpenCL estiver

[16] Menos utilizado recentemente
[17] http://polarssl.org

pronto, utiliza o módulo OpenCL para encriptar/desencriptar em paralelo. O hashing é efectuado na *unidade Skein*. Utilizámos o seu código a partir do seu sítio Web. Para autenticar os valores hash das dentaduras, o GSFS utiliza uma árvore de merkle para acelerar a verificação da integridade dos valores hash das dentaduras e também os processos de atualização.

4.4. *Dispositivo de caracteres GSFS e programa de utilizador*

Os comandos dos utilizadores no GSFS são enviados do modo de utilizador para o modo kernel utilizando o GSFS Character Device. Os comandos possíveis são:

1. Início de sessão do utilizador
2. Terminar sessão do utilizador
3. Tornar um inode seguro
4. Adicionar alguns utilizadores a um inode seguro
5. Revogar o acesso de alguns utilizadores a um inode seguro

O dispositivo de caracteres GSFS é um dispositivo de caracteres virtual e o GSFS utiliza-o para criar um inode de dispositivo de caracteres para enviar instruções do modo de utilizador para o modo kernel. Para além deste dispositivo de caracteres, é necessário um programa ao nível do utilizador para escrever instruções. Este programa é o *GSFS User Program (GUP)*. O GUP pode ser implementado em qualquer linguagem de programação e, na versão atual, é implementado na linguagem C. A figura 2 representa o GUP.

~/mohsen/Programs/GSFS/ # ./gsfs_user_prog.o ./gsfs_cdev

Introduzir o número:

6. Iniciar sessão
7. Terminar sessão
8. Gerar chaves RSA-1024 para um novo utilizador
9. Tornar uma diretoria segura (mais especial)
10. Adicionar utilizadores a um diretório seguro (mais público)
11. Revogar o acesso dos utilizadores a um diretório seguro
12. Sair

Figura 2: Programa de utilizador GSFS

Quando um novo utilizador começa a utilizar o GSFS, pela primeira vez deve utilizar a 3ª opção para criar uma chave pública e privada para si próprio. Estas duas chaves são armazenadas no local definido pelo utilizador e a chave pública é enviada para o kernel e armazenada na tabela Public Keys.

Depois disso, no início de cada utilização, o utilizador pode iniciar sessão pela primeira opção e deve especificar a localização da sua chave privada. O GUP lê a chave privada, encripta um valor aleatório pela chave privada e envia o valor aleatório e o valor encriptado para o kernel.

Se o kernel conseguir desencriptar o valor encriptado e atribuir um valor igual a esse valor aleatório, o kernel terá a certeza de que a chave privada está correta e permite que o utilizador inicie sessão. Além disso, armazena a chave privada do utilizador na sua memória para as próximas utilizações antes de *terminar a sessão*.

No tempo de saída, o utilizador termina a sessão através da 2ª opção. Não é necessário que o GUP esteja sempre ativo, e o utilizador pode executá-lo quando tiver algumas ordens.

Para tornar um inode seguro, o utilizador seleciona a 4ª opção. Para adicionar alguns utilizadores a um inode seguro , o utilizador utiliza a 5ª opção. Finalmente, para revogar os acessos de alguns utilizadores a um inode seguro, seleciona a 6ª opção. Os detalhes destas três opções serão apresentados nas próximas secções.

4.5. *Módulo OpenCL GSFS*

Na versão atual, o GSFS utiliza um programa OpenCL a nível do utilizador para melhorar a taxa de criptografia através do processamento paralelo da CPU. O módulo OpenCL do GSFS é um programa em C que utiliza a biblioteca OpenCL para criptografia paralela e, devido à escrita no modo de utilizador na versão atual, designámo-lo por *GSFS User Module (GUM)*.

A ligação da GUM ao kernel é feita pelo dispositivo de caracteres GSFS. Ele começa a trabalhar em segundo plano como um daemon e espera até que um comando seja enviado a ele; então, ele cria uma thread pela biblioteca "*pthread*" para executar funções necessárias para o comando inserido e retorna a si mesmo para esperar por outro comando do kernel. Desta forma, o kernel pode enviar comandos para o GUM rapidamente e não há necessidade de esperar pela conclusão dos comandos anteriores. O GUM é capaz de realizar comandos em paralelo por CPU e GPU usando OpenCL. Cada página de 4096 bytes é dividida em 256 pedaços de 16 bytes e cada work-item é responsável por especificar o valor de cada pedaço. Na versão atual, a encriptação e a desencriptação são feitas pelo GUM e a autenticação é feita no modo kernel.

Para eliminar o tempo de cópia de memória do modo kernel para a memória virtual da GUM, o GSFS mapeia as páginas para a memória virtual da GUM e, assim, a única cópia de memória é feita da memória principal para a memória da GPU.

Este processo começa por criar um mapeamento utilizando a chamada de sistema *mmap* no GUM. O endereço deste mapeamento é enviado para o kernel. Quando o

GUM escreve para o kernel, é bloqueado através de um semáforo. Sempre que o kernel tem algumas páginas para encriptar/desencriptar, começa por adicionar as páginas à memória virtual da GUM e, em seguida, liberta o semáforo da GUM e obtém um novo semáforo para se bloquear.

Agora, o GUM volta a ser executado e, quando os resultados estão prontos, o GUM escreve novamente no kernel; neste caso, o kernel remove as páginas da memória virtual do GUM e liberta outro semáforo bloqueado para permitir que o processo bloqueado utilize os resultados prontos. Em seguida, GUM desmapeia o mapeamento criado.

O kernel OpenCL escrito para o GUM é uma cifra AES que é responsável pela criação de páginas GCTR do GCM utilizando chaves IV e de rondas. Estas páginas GCTR são utilizadas no kernel para serem xored com o texto simples para criar texto cifrado ou vice-versa.

4.6. *Árvore AVL para eventos de inodes de diretórios*

O GSFS utiliza uma árvore AVL para gerir os eventos e as alterações nos filhos dos inodes do diretório. Utiliza a árvore AVL porque uma árvore AVL é capaz de se equilibrar a si própria e a ordem de adição dos filhos não é importante para a pesquisa na árvore. Assim, a complexidade da pesquisa será 'Den) no pior dos casos para sempre.

As informações dos filhos são o valor de hash dentry, a chave e os usuários. Quando o GSFS necessita de um destes campos, procura primeiro na árvore AVL do inode e, se não for encontrado, o GSFS lê o campo do disco e armazena-o no nó filho da árvore AVL.

4.7. Unidade VIAs de inodes regulares seguros

Tal como referido no capítulo anterior, cada bloco de dados de um inode seguro regular tem um valor VIA de 3 terços formado por Version, IV, AT. Estes VIAs são armazenados no disco, e a sua integridade deve ser verificada em cada acesso.

Por conseguinte, o GSFS utiliza uma árvore merkle para gerir os valores VIA na *unidade Secure Regular Inode VIAs (SRI)*.

Desta forma, o GSFS no primeiro nível armazena cada um dos 128 pedaços de 32 bytes dos valores VIA num bloco e calcula o seu valor hash. Em seguida, no segundo nível, 256 pedaços de 16 bytes do número do bloco e dos valores de hash do primeiro nível são armazenados num bloco e o valor de hash é calculado. Também no terceiro nível, 256 fragmentos de 16 bytes do número de bloco e dos valores de hash do segundo nível são armazenados num bloco e o seu hash é calculado. Duas partes do valor de hash e do número de bloco do terceiro nível são armazenadas no inode. Consequentemente, o GSFS é capaz de escrever 4096 * 128 * 256 * 256 * 2 = $2^{12+7+8+8+1} = 2^{36}$ bytes ou 64GB para cada inode regular seguro.

Para acelerar o acesso aos valores VIA, os primeiros 8 valores de VIAs que se referem aos primeiros 8 blocos são armazenados no inode. Além disso, os primeiros 6 valores do número de bloco e o valor de hash do segundo nível e os primeiros 4 valores do número de bloco e o valor de hash do terceiro nível também são armazenados no inode.

Ao utilizar esta árvore de merkle, os processos de autenticação e modificação são acelerados. Além disso, ao armazenar os primeiros valores de cada nível no inode, o tempo de acesso é melhorado.

4.8. *Algumas funções da GSFS*

Nesta secção, consideramos algumas funções do GSFS. Em primeiro lugar, consideramos o método de computação de chaves para cada bloco de dados e, em seguida, definimos as funções de leitura e escrita. Depois disso, explicamos as funções de tornar um inode seguro, adicionar utilizadores a um inode seguro e revogar o acesso de um utilizador a um inode seguro.

4.8.1. *Cálculo da chave de bloco*

A chave de cada bloco é derivada da chave do inode nestes estados:

1. A unidade produtora da chave atual deriva a chave de versão utilizando a versão introduzida.
2. O número do inode é concatenado com a chave da versão e o hash deste valor é calculado como a chave do inode.
3. O número do bloco é concatenado com a chave do inode e a chave do bloco é calculada através do hashing deste valor.

Note-se que as várias versões das chaves do inode são armazenadas numa tabela LRU nesse inode para acelerar o acesso às mesmas.

4.8.2. *Ler a função*

Na função de leitura, um número de blocos é lido do disco e armazenado no espaço de endereçamento. Os níveis desta função são:

1. Reposição dos valores VIA dos blocos solicitados a partir da unidade SRI.
2. Computar as chaves de bloco de cada um dos blocos solicitados relativamente à sua versão.
3. Envio do comando de leitura do disco no nível bio.

4. Comparação entre a TA armazenada no VIA e a calculada a partir do bloco de leitura do disco para cada um dos blocos da unidade GCM.
5. Computação das páginas GCTR e desencriptação dos blocos autenticados na unidade GCM.

4.8.3. *Função de escrita*

Os estados da função de escrita são:

1. Reposição dos valores VIA dos blocos da unidade SRI.
2. Aumentar o valor IV de cada VIA e definir o campo de versão de cada VIA para a versão máxima da chave Crust do inode.
3. Cálculo da TA de cada bloco na unidade GCM.
4. Envio dos novos VIAs para o SRI para armazenamento em disco.
5. Cálculo das páginas GCTR de cada bloco e cifragem dos blocos na unidade GCM.
6. Escrever as páginas encriptadas no disco.

4.8.4. *Tornar uma função de inode segura*

Tornar um inode seguro é usado em dois casos. No primeiro caso, queremos tornar seguro um inode inseguro. No segundo caso, queremos limitar o acesso dos utilizadores do inode pai a esse inode. Em ambos os casos, queremos tornar um nível de acesso a um inode mais específico. Os níveis desta função são:

1. Atribuição de um bloco para o bloco do utilizador a partir do BAT.
2. Atribuição de um índice seguro a partir do SAT.
3. Atribuição de uma chave aleatória como chave do proprietário do inode.
4. Produzir a chave de crosta na unidade de produção de chaves de crosta.
5. Completar o bloco do utilizador escrevendo os valores cifrados da chave do proprietário e da chave Crust pela chave pública do proprietário.
6. Encriptação do dente de inode no seu pai.
7. Atribuição de um índice seguro para todos os pais até ao inode raiz para os autenticar a partir do SAT.

4.8.5. *Adicionar utilizadores a uma função de inode seguro*

Esta função também é utilizada em dois casos. No primeiro caso, queremos adicionar alguns utilizadores a um inode seguro que tem o bloco de utilizador. No segundo caso, queremos adicionar alguns utilizadores a um inode seguro que não tem o bloco de utilizador.

Neste caso, os novos utilizadores adicionados têm acesso a este inode e não têm acesso ao inode pai, e os utilizadores do inode pai têm acesso a este inode. Em ambos os casos, queremos tornar o nível de acesso ao inode mais geral. Os níveis desta função são:

1. Atribuição do bloco de utilizador, da chave do proprietário, da chave Crust e preenchimento do bloco de utilizador, caso não exista.
2. Armazenar a chave Crust encriptada do inode pela última versão da chave Crust do progenitor no campo de ligação progenitor do bloco de utilizador, se o bloco de utilizador for atribuído agora (o segundo caso).
3. Acrescentar a chave Crust encriptada pelas chaves públicas dos novos utilizadores ao bloco de utilizadores.
4. Desencriptar o denteado do inode no seu pai e fazê-lo para todos os inodes pais seguros, se o bloco do utilizador for recentemente atribuído.
5. Atualização da lista de utilizadores dos inodes filhos sem bloco de utilizadores para permitir o acesso dos novos utilizadores.

4.8.6. *Função de revogação do utilizador*

Esta função é utilizada para revogar o acesso de alguns utilizadores a um inode e aos seus filhos. Os níveis desta função são:

1. Aumentar a versão da Crust key em um e criar uma nova Crust key em utilizando a chave do proprietário na unidade produtora de Crust key.
2. Atualização do bloco de utilizador do inode para encriptar a nova chave Crust criada com as chaves públicas dos únicos utilizadores autorizados.
3. Atualização da ligação principal, caso exista.
4. Atualização dos utilizadores do inode para eliminar o acesso revogado do utilizador.
5. Encriptar o inode dentry no seu inode pai pela nova versão da chave Crust.
6. Aumentar a versão das chaves Crust e encriptar as ligações dos pais e as chaves Crust de todos os filhos, se estes tiverem um bloqueio de utilizador.

4.8.7. *Sincronização GSFS*

Como vimos nas funções da secção anterior, precisamos de uma técnica para aceder aos inodes enquanto a exclusão mútua é considerada e o impasse é evitado. Por conseguinte, precisamos de alguns semáforos para este fim.

Cada inode tem um semáforo de leitura/escrita e existem duas regras no GSFS para sincronizar o acesso dos inodes:

1. Cada função pode obter o semáforo de cada inode e, em seguida, pode obter o

semáforo do pai e não vice-versa.

2. Os semáforos dos inodes só podem ser libertados na direção inversa à que foram obtidos.

4.8.8. *Estatísticas de código*

O código da GSFS é constituído por 3 partes:

1. Skein: Cerca de 1000 linhas (adotado do sítio Web da Skein).
2. RSA: Cerca de 4000 linhas (adoptadas do pacote PolarSSL).
3. Cerca de 16000 linhas escritas para GSFS neste projeto e inclui a implementação de:
   a. Todas as unidades indicadas no presente capítulo.
   b. Todas as camadas do sistema de ficheiros até à leitura/escrita no nível io de/para o disco.
   c. Operações de inode, ficheiro e espaço de endereçamento.

4.8.9. *Conclusão*

Neste capítulo, apresentámos a estrutura interna da GSFS e a sua implementação. Explicámos as diferentes unidades do GSFS e algumas funções. Por fim, indicámos o método de sincronização do GSFS e o código.

Capítulo 5

Avaliação do desempenho

Neste capítulo, avaliamos o desempenho do GSFS e comparamo-lo com o ext3 e o *eCryptfs*. Usámos um computador com CPU Intel Core 15 M430 com 4 threads e ATI Mobility *Radeon* HD4330 com 80 stream processors. O sistema operativo é o Linux 2.6.34 e a distribuição é o *OpenSUSE* 11.3.

Devido ao problema temporário do GUM com o *kblockd*, usamos um ext2 como sistema de ficheiros base e os sistemas de ficheiros são montados nele.

O programa de teste utiliza três tamanhos de buffer para leitura e escrita: 4KB, 400KB e 4MB. Para cada tamanho de memória intermédia, cria 10 modos e lê e escreve 25 vezes os dados do tamanho da memória intermédia em/de esses ânodos. Por conseguinte, o tempo de leitura e o tempo de escrita são a média dos 250 tempos. O tempo é calculado em micro segundos e a taxa é calculada.

Primeiro comparamos o GSFS com o ext3 para especificar o desempenho do GSFS para modos inseguros. Depois, comparamo-lo com o eCryptfs. Em seguida, comparamos o desempenho do GSFS para GPU e CPU.

5.1. *Comparação do GSFS com o ext3*

Comparamos o GSFS com o ext3 para compreender o desempenho do GSFS para modos inseguros e também a sobrecarga da segurança para modos regulares inseguros. Os resultados são mostrados na Tabela 1.

Tabela 1: Comparação do GSFS com o ext3 para inodes inseguros

	GSFS	ext3
Leitura de 4KB	2.098 MB/s	1.722 MB/s
Escrita 4KB	0,097 MB/s	0,089 MB/s
Leitura 400KB	33,163 MB/s	25.073 MB/s
Escrita 400KB	10.262 MB/s	4/26 MB/s
Leitura 4MB	34,771 MB/s	29,409 MB/s
Escrita 4MB	31.138 MB/s	6.352 MB/s

Criação de inode	1,325 K#/s	111.111 K#/s

Como pode ser visto, a estrutura interna do GSFS oferece um desempenho aproximadamente igual em comparação com o ext3 e não produz sobrecarga de segurança para modos inseguros.

5.2. *Comparação do GSFS com o eCryptfs*

Na segunda comparação, comparamos o GSFS com o eCryptfs para modos regulares seguros de leitura e escrita.

Os resultados são mostrados na Tabela 2. Neste exame, usámos o GSFS sem GUM e, por isso, é executado no kernel por apenas uma thread do CPU.

Como podemos ver, o desempenho do GSFS é inferior ao do eCryptfs devido à utilização do GCM no GSFS e do CBC no eCryptfs.

Tabela 2: Comparação do GSFS com o eCryptfs para inodes seguros

	GSFS	eCryptfs
Leitura de 4KB	1.784 MB/s	1.540 MB/s
Escrita 4KB	0,069 MB/s	0,077 MB/s
Leitura 400KB	11,767 MB/s	21.426 MB/s
Escrita 400KB	4,961 MB/s	4.925 MB/s
Leitura 4MB	13,734 MB/s	27.730 MB/s
Escrita 4MB	10,173 MB /s	11,733 MB/s
Criação de inode	0,935 K#/s	0,029 K#/s

5.3. *Comparação de GPU com CPU em GSFS*

Nesta secção, comparamos a velocidade do GSFS na leitura e escrita de um modo seguro quando utiliza GUM para GPU e quando utiliza GUM para CPU. No primeiro caso, o GSFS usa uma GPU com 80 processadores de fluxo de 450 MHz e, no segundo caso, usa uma CPU Core 15 com 4 threads de 2,26 GHz. Os resultados são apresentados na Tabela 3.

Tabela 3: Comparação de GSFS com GUM para GPU e CPU para inodes seguros

	GPU	CPU
Leitura de 4KB	0,056 MB/s	0,639 MB/s
Escrita 4KB	0,057 MB/s	0,065 MB/s
Leitura 400KB	2.031 MB/s	1.170 MB/s
Escrita 400KB	1.939 MB/s	1,154 MB/s
Leitura 4MB	2.764 MB/s	1,226 MB/s
Escrita 4MB	2.743 MB/s	1.218 MB/s

Comparando a segunda e a terceira colunas, obtém-se o seguinte

1. Para um tamanho de buffer pequeno (4KB), a taxa da GPU é inferior à da CPU, devido à sobrecarga de cópia de memória (da memória principal para a memória da GPU), que não é efectuada no modo CPU.
2. Para tamanhos de buffer grandes (400KB, 4MB), as taxas de GPU são aproximadamente o dobro em comparação com as taxas de CPU. Neste caso, a sobrecarga de cópia de memória para GPU é compensada pela grande quantidade de processamento efectuado. Portanto, usar GPU e pagar o custo de cópia de memória é melhor do que usar CPU, por causa do poder de processamento mais poderoso.

Por isso, esperamos que o desempenho seja melhorado com a utilização de CPUs mais potentes.

5.4. *Goma de carbono*

Como vimos, o desempenho do GSFS diminui quando utiliza o GUM em comparação com quando não utiliza o GUM. Isso acontece quando o GUM usa todos os processadores da CPU ou GPU. A sobrecarga de comutação de contexto é a razão para este problema.

Quando o GSFS utiliza o GUM, um semáforo é obtido para bloquear o processo do kernel e o semáforo GUM é libertado para ativar o GUM. Quando o resultado está pronto, isso é vice-versa. Por conseguinte, devemos eliminar esta troca de contexto nas versões futuras, utilizando o OpenCL em modo kernel para melhorar o desempenho.

5.5. *Conclusão*

Neste capítulo, comparámos o GSFS com o ext3 e vimos que a sobrecarga de segurança do GSFS não é criada para inodes inseguros. Depois disso, comparámos o GSFS com o eCryptfs e os resultados mostraram que a taxa do GSFS é inferior à do eCryptfs devido aos diferentes algoritmos de criptografia que utilizam. A comparação da GPU com a CPU no GSFS mostra uma taxa dupla para a GPU em comparação com a CPU. O custo de comutação de contexto do GUM faz com que a taxa de GSFS seja reduzida. Por conseguinte, é necessário utilizar o OpenCL em modo kernel para eliminar este custo.

Conclusões e sugestões

Conclusão

Como dissemos anteriormente, devido à grande quantidade de cálculos necessários para a encriptação, podemos utilizar GPUs para a criptografia de dados. Nesta tese, considerámos a conceção e a implementação de um sistema de ficheiros seguro baseado em GPGPU (GSFS). O GSFS fornece integridade e confidencialidade dos dados. Este sistema de ficheiros torna os inodes acessíveis a diferentes utilizadores e também permite que os utilizadores expandam/reduzam o nível de acesso em cada nó da estrutura em árvore dos modos. Utilizando estas duas técnicas, o GSFS permite a partilha de informações com os utilizadores. A GSFS utiliza o método de revogação Crust key para uma revogação eficaz dos utilizadores e o método Cryptree para reduzir a utilização do algoritmo de chave pública, que consome muito tempo. Utiliza o Galois Counter Mode (GCM) para garantir a integridade e a confidencialidade dos inodes.

O GSFS utiliza a chave pública do utilizador raiz para integrar o sistema de ficheiros e utiliza a chave pública dos utilizadores para a confidencialidade. Por conseguinte, distingue integridade e confidencialidade.

O GSFS é implementado como um módulo do kernel do Linux e, na versão atual, utiliza um programa OpenCL ao nível do utilizador para encriptar/desencriptar dados em paralelo por CPU e CPU.

Os nossos exames mostram que o GSFS fornece estas propriedades sem taxas inferiores em comparação com o ext3 para inodes inseguros, mas a taxa do GSFS é inferior à taxa do eCryptfs devido aos seus algoritmos de segurança. Além disso, o uso da GPU no nosso programa OpenCL duplica a taxa do GSFS em comparação com a CPU. A utilização de um processo independente para a nossa encriptação/desencriptação paralela diminui o nosso desempenho devido ao custo da mudança de contexto.

Sugestões para melhorar o desempenho

Nesta secção, apresentamos algumas sugestões para melhorar o desempenho da GSFS:

- Usando OpenCL no modo kernel: Precisamos de utilizar o OpenCL no modo kernel em versões futuras para uma utilização eficaz das GPUs. Além disso, usar o OpenCL no modo kernel nos ajudará a usá-lo para integridade de dados. Para este efeito, o Dr. Toshiyuki Maeda do Japão implementou um método para a execução de processos do utilizador no modelo kernel .[18]

- Implementação eficaz da IHP: A GSFS exige uma implementação eficaz da árvore de merkle para que a IHP acelere o acesso e a
- processos de modificação.
- Utilização de algoritmos criptográficos mais eficientes para avaliar o seu desempenho em GSFS.
- Utilização de páginas de memória enormes do kernel para acelerar o processo de pesquisa de páginas e a função *ghash* no GCM.
- Implementação mais eficaz do ghash como indicado em [MV05].

[18] http://web.yl.is.s.u-tokyo.ac.jp/~tosh/kml

Bibliografia

[ABC+ 02] Atul Adya, William J. Bolosky, Miguel Castro, Gerald Cermak, Ronnie Chaiken, John R. Douceur, Jon, Jon Howell, Jacob R. Lorch, Marvin Theimer e Roger P. Wattenhofer. Far-site: Federated, available, and reliable storage for an incompletely trusted environment (Armazenamento federado, disponível e fiável para um ambiente de confiança incompleta). Em Proceedings of the 5th Symposium on Operating Systems Design and Implementation (OSDI), páginas 1-14, 2002.

[ABF06] Mikhail J. Atallah, Marina Blanton e Keith B. Frikken. Key management for non-tree access hierarchies. In Proceedings of the eleventh ACM symposium on Access control models and technologies, SACMAT '06, pages 11-18, New York, NY, USA, 2006, ACM.

[ABFF09] Mikhail J. Atallah, Marina Blanton, Nelly Fazio e Keith B. Frikken. Gestão dinâmica e eficiente de chaves para hierarquias de acesso. ACM Trans. Inf. Syst. Secur., 12:18:1-18:43, janeiro de 2009.

[And07] Ashley Morgan Anderson. Um sistema de ficheiros esteganográfico para o kernel do Linux. Relatório técnico, The University of Exeter, 2007.

[ANS98] Ross J. Anderson, Roger M. Needham e Adi Shamir. O sistema de ficheiros esteganográfico. Em Information Hiding, páginas 7382, 1998.

[BCdV+ 09] Carlo Blundo, Stelvio Cimato, Sabrina De Capitani di Vimercati, Alfredo De Santis, Sara Foresti, Stefano Paraboschi e Pierangela Samarati. Gestão eficiente de chaves para impor o controlo de acesso em cenários externalizados. Em SEC, páginas 364375, 2009.

[BCO05] Michael Backes, Christian Cachin e Alina Oprea. Revogação preguiçosa em sistemas de ficheiros criptográficos. Em IEEE Security in Storage Workshop, páginas 1-11, 2005.

[BCO06] Michael Backes, Christian Cachin, and Alina Oprea. Atualização segura de chaves para revogação preguiçosa. Em ESORICS, páginas 327-346, 2006.

[BGS+ 06] Stephan Bloehdorn, Olaf Gorlitz, Simon Schenk, Max Volkel, e Forschungszentrum Informatik Karlsruhe. Tagfs - semântica de etiquetas para sistemas de ficheiros hierárquicos. Em Actas da 6ª Conferência Internacional sobre Gestão do Conhecimento (I-KNOW 06, páginas 6-8, 2006.

[B1a93] Matt Blaze. Um sistema de ficheiros criptográfico para unix. Na Conferência ACM sobre Segurança de Computadores e Comunicações, páginas 916, 1993.

[CCSP0l] Giuseppe Cattaneo, Luigi Catuogno, Aniello Del Sorbo e Pino Persiano. O desenho e implementação de um sistema de ficheiros criptográfico transparente para unix. Em LlSENIX Annual Technical Conference, FREENIX Track, páginas 199-212, 2001.

[DFBA08] Josep Domingo-Ferrer e Maria Bras-Amoros. Um sistema de

ficheiros esteganográfico partilhado com correção de erros. Em MDAI, páginas 227-238, 2008.
[Dwo07] Morris Dworkin. Recomendação para modos de funcionamento de cifras de bloco: Methods and techniques. Publicação especial do NIST, 800-38A, 2007.
[FKK06] Kevin Fu, Seny Karnara, e Yoshi Kohno. Regressão de chaves: Permitindo a distribuição eficiente de chaves para armazenamento distribuído seguro. Em NDSS, 2006.
[GJSO91] David K. Gifford, Pierre Jouvelot, Mark A. Sheldon e James O'Toole. Sistemas de ficheiros semânticos. Em SOSP, páginas 1625, 1991.
[GMSW06] Dominik Grolimund, Luzius Meisser, Stefan Schmid e Roger Wattenhofer. Cryptree: Uma estrutura de árvore de pastas para sistemas de ficheiros criptográficos. Em SRDS, páginas 189-198, 2006.
[GPTT08] Michael T. Goodrich, Charalampos Papamanthou, Roberto Tamassia e Nikos Triandopoulos. Athos: Autenticação eficiente de sistemas de ficheiros subcontratados. Em ISC, páginas 80-96, 2008.
[GW09] Erel Geron e Avishai Wool. Crust: armazenamento criptográfico remoto não confiável sem chaves públicas. Int. J. Inf. Sec., 8(5):357- 377, 2009.
[Hal05] Michael Austin Halcrow. ecryptfs: Um sistema de ficheiros criptográfico de classe empresarial para linux. Em Proceedings of the 2005 Linux Symposium, páginas 201-218, 2005.
[HPGP10] Jin Han, Meng Pan, Debin Gao e HweeHwa Pang. Um sistema de ficheiros esteganográfico multiutilizador em armazenamento partilhado não fiável. Em ACSAC, páginas 317-326, 2010.
[HPPT08] Alexander Heitzmann, Bernardo Palazzi, Charalampos Papamanthou e Roberto Tamassia. Verificação eficiente da integridade do armazenamento em rede não confiável. Em StorageSS, páginas 43-54, 2008.
[IC09] Jason e Crampton. Criptografia reforçada
controlo de acesso hierárquico com múltiplas chaves. Journal of Logic and Algebraic Programming, 78(8):690 700, 2009.
[KRS+03] Mahesh Kallahalla, Erik Riedel, Ram Swaminathan, Qian Wang e Kevin Fu. Plutus: Partilha segura e escalável de ficheiros em armazenamento não fiável. Em FAST, 2003.
[Maz00] David Mazieres. Sistema de ficheiros auto-certificado. Tese de doutoramento, Universidade do MIT, 2000.
[MC04] Gary Marsden e David E. Cairns. Improving the usability of the hierarchical file system (Melhorar a usabilidade do sistema de ficheiros hierárquico). South African Computer Journal, 32:69-78, 2004.
[MJLF84] Marshall K. McKusick, William N. Joy, Samuel J.
Leffler, e Robert S. Fabry. Um sistema de ficheiros rápido para unix. ACM Trans.
Comput. Syst., 2(3)181-197, 1984.
[MK99] Andrew D. Mcdonald e Markus G. Kuhn. Stegfs: Um sistema de

ficheiros esteganográfico para linux. Em Information Hiding, 1999.
[MKKW99] David Mazieres, Michael Kaminsky, M. Frans Kaashoek e Emmett Witchel. Separando a gestão de chaves da segurança do sistema de ficheiros. Em SOSP, páginas 124-139,1999.
[MV05] David A. McGrew e John Viega. O modo de operação galois/counter. http : //csrc .nist .govigroups/ST/toolkit/ BCM/documents/proposedmodesigcm/gcm-spec . pdf, 2005.
[NWL+ 10] Huy Hoang Ngo, Xianping Wu, Phu Dung Le, Campbell Wilson, e Balasubramaniarn Srinivasan. Criptografia de chave dinâmica e aplicações em . I. J. Network Security, 10(3):1611.74, 2010.
[PITZ03] Hweehwa Pang, Kian lee Tan, e Xuan .thou. Stegfs: Um sistema de ficheiros esteganográfico. Em Proceedings of the 19th International Conference on Data Engineering, páginas 657-668, 2003.
[PITZ04] Hweehwa Pang, Kian lee Tan e Xuan Zhou. Esquemas esteganográficos para sistemas de ficheiros e b-tree. IEEE Transactions on Knowledge and Data Engineering, páginas 701-713, 2004.
[RCH07] Harry Rowe, Jason Crampton e Royal Holloway. Avoidinkey redistribution in key assignment schemes. in Proceedings of the Fourth International Workshop on Mathematical Methods, Models, and Architectures for Computer Network Security, páginas 127-140, 2007.
[RO92] Mendel Rosenblum e John K. Ousterhout. O projeto e a implementação de um sistema de arquivos estruturado por logs. ACM Trans. Cornput. Syst., 10(1)26-52, 1992.
[Ros92] Mendel Rosenblum. The Design and Implementation of a Log-structured File System. Tese de doutoramento, Universidade da Califórnia, Berkeley, 1992.
[Sam08] Adrian Sampson. Design para um sistema de ficheiros estruturado por etiquetas. Relatório técnico, http: www.cs.hmc.edu / as ampsonitsfs.pdf, 2008.
[SdV10] Pierangela Samarati e Sabrina De Capitani di Vimercati. Proteção de dados em cenários de externalização: questões e orientações. Em ASIACCS, páginas 1-14, 2010.
[SMBA10] Paul T. Stanton, Benjamin McKeown, Randal C. Burns e Giuseppe Ateniese. Fastad: um diretório autenticado para milhares de milhões de objectos. Operating Systems Review, 44(1)45-49, 2010.
[WLOB09] Weichao Wang, Zhiwei Li, Rodney Owens e Bharat K. Bhargava. Acesso seguro e eficiente a dados terceirizados. Em CCSW, páginas 55-66, 2009.
[WMZ03] Charles P. Wright, Michael C. Martino, and Erez Zadok. Ncryptfs: Um sistema de ficheiros criptográfico seguro e conveniente. Em Proceedings of the Annual USENIX Technical Conference, páginas 19721.0. Associação USENIX, 2003.
[WWHG01] Brian S. White, Michael Pittman Walker, Marty Humphrey e Andrew S. Grimshaw. Legionfs: um sistema de arquivos seguro e escalável que suporta aplicações de alto desempenho entre domínios. Em

Procedimentos da ACAVIEEE SuperComputing 2001 (SC 2001), Computational Grid I/O, página 59,2001.

[ZB598] Erez Zadok, Ion Badulescu, e Alex Shender. Cryptfs: A stackable vnode level encryption file system. Relatório técnico, Departamento de Ciência da Computação, Universidade de Columbia, 1998.

[Zho05] Xuan Zhou. Steganographic File System. Tese de doutoramento, Universidade Nacional de Singapura, 2005.

[ZPIT04] Xuan Zhou, Hweehwa Pang e Klan lee Tan. K.-l.: Escondendo acessos a dados em sistemas de ficheiros esteganográficos. Em Proceedings of the 20th International Conference on Data Engineering, página 572, 2004.

[ZRADAD10] Yupu Zhang, Abhishek Rajirnwale, Andrea C. Arpaci-Dusseau, e Rernzi H. Arpaci-Dusseau. Integridade de dados de ponta a ponta para sistemas de ficheiros: Um estudo de caso do zfs. Em FAST, páginas 29-42, 2010.

Printed by Books on Demand GmbH, Norderstedt / Germany